SOCIÉTÉ INTERNATIONALE DE SECOURS AUX BLESSÉS MILITAIRES

Comité sectionnaire de l'**HÉRAULT**

RAPPORTS

DU

SECRÉTAIRE GÉNÉRAL — des SECRÉTAIRES des Œuvres

de l'Ambulance du Midi, de l'Ambulance de la Gare

et des Secours aux PRISONNIERS en Allemagne et en Suisse.

1870-1871

MONTPELLIER

BOEHM ET FILS, IMPRIMEURS DE L'ACADÉMIE, PLACE DE L'OBSERVATOIRE
Éditeurs du Montpellier Médical.

1871

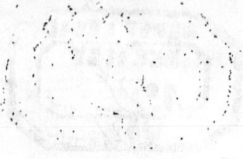

SOCIÉTÉ INTERNATIONALE DE SECOURS AUX BLESSÉS MILITAIRES

Comité sectionnaire de l'HÉRAULT

RAPPORT GÉNÉRAL

Par M. **P. de ROUVILLE**, Professeur à la Faculté des sciences, Secrétaire-général.

Le 4 mai 1871, le Comité sectionnaire de l'Hérault et la Société internationale de Secours aux blessés militaires s'est réuni dans la Salle des Concerts, et a entendu et approuvé la lecture du Rapport suivant.

Messieurs,

C'est une douce tâche que m'imposent aujourd'hui les fonctions que je tiens de vous : j'ai à vous retracer l'histoire, bien humble sans doute, mais pourtant réjouissante, du bien que nous avons conçu et essayé de réaliser.

Dans nos temps de calamités publiques, d'humiliations nationales, de déchirements, quoi de plus fait pour relever les cœurs et ramener la foi en des temps meilleurs, que le spectacle de l'union de tous, sans distinction de parti, sur le terrain de la charité !

C'est à vous exposer les résultats de cette œuvre commune que je suis appelé ; ils suffiront, j'espère, si minimes qu'ils soient, à établir qu'en dépit de quelques voix chagrines, l'heure n'est pas venue de désespérer de notre chère France; car ils montreront que si les esprits y sont divisés et quelques-uns égarés, les cœurs savent y battre à l'unisson : or, pour les nations comme pour les individus, n'est-ce pas du cœur que procèdent les sources de la vie?

Le 8 avril 1868, M. Léonce de Cazenove, docteur en droit, donnait dans notre ville une conférence qui avait pour but de nous faire connaître l'existence d'une Société de bienfaisance nouvelle, instituée en France depuis quatre ans, et qui embrassait déjà dans son réseau le plus grand nombre des nations de l'Europe. Les journaux nous avaient appris qu'une convention diplomatique avait été signée, le 22 août 1864, par les délégués des principaux souverains, dans le but si philanthropique d'adoucir les maux inséparables de la guerre et d'améliorer le sort des blessés sur les champs de bataille. La parole de l'orateur, en nous dépeignant les lugubres scènes des combats, les affreuses souffrances des blessés et des mourants, en nous révélant l'insuffisance des secours qu'on avait jusqu'alors tenté d'y apporter, et nous montrant les résultats heureux obtenus dans les dernières guerres par la nouvelle Société, n'eut pas de peine à faire comprendre au public nombreux qui l'écoutait, l'urgence et la haute importance de la mission que venait de se donner la Société internationale de secours aux blessés militaires. Née à Genève du récit ému d'un témoin de Solférino, elle avait grandi en peu de temps sous le souffle fécond des sentiments de sympathie et de fraternité, et venait de fonder à Paris un Comité central destiné à relier les opérations de Comités sectionnaires dans les différentes villes de France.

Montpellier, fidèle à ses traditions de noble et généreuse initiative dans les œuvres de bienfaisance, n'avait pas attendu, pour adopter l'œuvre nouvelle, l'appel si chaleureux que venait de lui adresser M. de Cazenove, au nom du Comité de Lyon, dont il était le secrétaire-général et le délégué. Dès le mois d'octobre 1867, M. le professeur Fonssagrives avait bien voulu accepter la mission de fonder parmi nous un Comité sectionnaire de la Société centrale. Six mois après, le Comité et son président trouvèrent dans la parole dévouée de M. de Cazenove une heureuse occasion de propagande qu'ils s'empressèrent de faciliter de tous leurs moyens ; elle devait être féconde pour l'œuvre déjà fondée.

Le Bureau du Comité avait été constitué, dès l'origine, de la manière suivante :

Président : M. Fonssagrives, professeur à la Faculté de médecine.

Vice-présidents : M. Galles, procureur-général; M. le vicomte de Ginestous.

Secrétaire-général : M. de Rouville, professeur à la Faculté des sciences.

Secrétaires-adjoints : M. des Hours-Farel; M. Sabatier, professeur-agrégé à l'École de médecine.

Trésorier : M. Tissié-Sarrus.

Plus tard, M. l'avocat général Petiton voulut bien remplacer M. Galles, que de hautes fonctions, aussi flatteuses que méritées, venaient d'appeler à Paris.

Deux années s'écoulèrent sans besoins bien actuels ; quelques réunions des membres du bureau à de longs intervalles furent consacrées à l'élaboration d'un règlement dont rien ne semblait devoir provoquer l'application prochaine ; une cotisation annuelle de chacun des sociétaires devait former un fonds de roulement dont les apparences des temps sollicitaient si peu l'accroissement que le trésorier lui-même ne songeait pas à la réclamer, lorsque le coup de foudre éclata soudain dans notre ciel, dont la sérénité n'était qu'une illusion ; notre oreille inattentive était demeurée sourde aux bruits avant-coureurs de la tempête... Heureusement, du moins dans le domaine de la charité, si l'on peut être pris à l'improviste, on ne saurait jamais être pris au dépourvu ; aux besoins nouveaux, immédiats, nés sur l'heure, répondirent des ressources empressées, intelligentes, accourues sans retard, sous toutes les formes et de tous les côtés : œuvres générales, départementales, locales ; secours une fois donnés, secours périodiques, oboles ou sommes importantes, donations en nature, aucun appel ne resta sans réponse ; votre Comité eut pour sa part une somme de 61,345 fr. 95 centimes, qui se trouva, dès les premiers moments de la guerre, mise à la disposition de votre trésorier.

Des réunions fréquentes où vous eûtes à cœur de ne pas manquer, eurent pour objet de donner à cette somme le meilleur emploi ; vous décidâtes tout d'abord que, conformément à l'un des articles de la Société centrale à laquelle vous vous rattachiez, vous aliéneriez en sa faveur les deux tiers de la somme dont vous disposiez ; le caractère essentiellement général de l'œuvre, l'universalité des besoins auxquels elle devait satisfaire, la distribution de secours sur de grandes surfaces, dans des moments, dans des proportions et sur des points du territoire d'une prévision difficile, nous imposaient ce premier sacrifice de notre personnalité propre dans la réalisation d'une part du bien auquel nous concourions ; hâtons-nous de dire que l'honorabilité, la haute position, le crédit des personnes qui avaient bien voulu accepter la direction de la Société centrale nous rendaient ce sacrifice plus facile, par l'évidence de la portée et de l'efficacité de leur action.

C'est la même pensée qui nous fit diriger à six reprises différentes, vers le siége de la Société à Paris, des ballots provenant de dons et composés de charpie, de bandes en toile, de compresses, de flanelles, de chemises et de draps de lit, le tout s'élevant au poids de 2,586 kilos ; d'autres ballots, reçus après l'investissement de la capitale, ont été remis entre nos mains et utilisés directement par nous dans nos ambulances ou pour les prisonniers.

C'est donc du tiers seulement de la somme versée que nous avons plus spécialement à vous rendre compte : 5,000 fr. ont été distraits en faveur du Comité départemental de secours aux militaires et marins de l'Hérault et à leurs familles.

Le reste de la somme, accru de contributions à destinations spéciales, a suffi pour fonder ou entretenir trois œuvres dont la conception, le développement et les heureux résultats marqueront parmi nos meilleurs et plus consolants souvenirs des temps que nous venons de traverser.

La première pensée de la Société internationale de secours aux blessés avait été, nous l'avons vu, de chercher les moyens, sinon d'annihiler, du moins d'amoindrir la conséquence du terrible fléau de la guerre. Bien des essais avaient été tentés qui n'avaient pas atteint entièrement le but. Les hôpitaux ambulants, ou par abréviation les *ambulances*, créés par Sully en 1597 et destinés à suivre les mouvements des troupes, étaient demeurés naturellement impuissants par l'obligation où ils étaient de stationner à une grande distance du lieu du combat ; plus tard, l'illustre Larrey créa les ambulances dites *volantes*, dont le service s'effectuait sur le champ même de bataille ; mais les médecins et les infirmiers, points de mire des coups de l'ennemi, ne pouvaient sans danger de mort porter aux blessés ces secours de la première heure qui, seuls, sont efficaces pour conserver la vie. Les perfectionnements successifs accomplis par l'organisation de l'intendance militaire venaient fatalement échouer contre ces conséquences logiques du principe de destruction ; ce sera l'éternel honneur de la Société internationale de secours aux blessés d'avoir conjuré ces cruelles nécessités : neutraliser les ambulances et les hôpitaux militaires, les faire protéger et respecter comme neutres par les belligérants aussi longtemps qu'il s'y trouverait des malades ou des blessés ; couvrir du bénéfice de la neutralité le personnel de ces hôpitaux et de ces ambulances, comprenant l'intendance, les services de santé, de transport des blessés ainsi que les aumôniers, tant que les divers corps fonctionneraient et tant qu'il resterait des blessés à relever ou à secourir, tel est le résultat aussi admirable que nouveau qu'elle a réussi à obtenir [1], et qui allait faire éclater à nos yeux un singulier contraste : d'un côté, la plus horrible et la plus sauvage des guerres, et de l'autre, l'œuvre de la plus universelle philanthropie; toutes deux se déployant à la même heure, à la honte et à l'honneur du même siècle !

En même temps que le bénéfice de la neutralité assurait la sécurité du personnel des ambulances, il avait l'avantage de provoquer une véritable levée de secoureurs volontaires de tous les âges, de toutes les professions, qui venaient mettre au service de leurs frères le secours de leur activité.

C'était donc, pour votre Comité, entrer dans l'esprit même de la Société que de songer à l'organisation d'une ambulance volante.

Une première tentative fut faite, dont le docteur Jacquemet, professeur-agrégé de notre École de médecine, avait pris l'initiative ; une correspondance s'établit pour cet objet entre votre Comité et la Société centrale ; elle fut brusquement interrompue par le blocus de Paris. Le projet déjà dressé dut être abandonné ; une heureuse circonstance permit d'y revenir, mais dans des conditions nouvelles : il ne s'agissait plus d'une ambulance créée par le Comité de Montpellier, mais seulement soutenue par lui, de concert

---

[1] Voir le Rapport présenté à l'Assemblée générale du Comité lyonnais, le 22 novembre 1866, par M. Léonce de Cazenove, 1867.

avec le Comité international de Marseille, qui recruta dans notre corps médical de Montpellier une partie du contingent chirurgical. M. le docteur Sabatier, professeur-agrégé de notre École, accepta la direction de la nouvelle organisation, et, grâce au concours des docteurs Leenhardt et Planchon, nos compatriotes, et à quelques élèves déjà distingués de notre Faculté, les jeunes Pizot, Béchamp, Salles, Paillère, Delphy, Folz, de Lasalle (ce dernier, hélas ! ne devait pas revenir), réussit à composer un personnel dont la coopération aussi intelligente que dévouée devait assurer le succès de l'entreprise.

Votre Comité vota à l'unanimité une somme de dix mille francs, qui, jointe à celle de quinze cents francs, objet d'un second vote ultérieur, fit un total de onze mille cinq cents francs, apport de votre Comité dans l'œuvre de l'Ambulance de Marseille-Montpellier, ou Ambulance du Midi.

Vous lirez, Messieurs, avec intérêt le rapport du directeur, et y suivrez de l'œil et du cœur notre jeune phalange, s'associant à la fortune de la 3ᵉ division du 20ᵉ corps, auquel elle fut officiellement attachée ; vous la verrez toujours à l'œuvre dans ses différentes étapes de Fontaine-les-Châlons, de Combreux, de Bourges et de l'Isle-sur-Doubs, se fractionnant pour embrasser plus de souffrances à soulager, passant ses nuits et ses jours après les malheureuses et sanglantes affaires de Ladon, de Beaune-la-Rolande, où elle eut à soigner plus de cinq cents blessés ou fiévreux ; de Villersexel, où seule, dès les premiers moments, sans le secours d'autres ambulances, sans celui de l'intendance, elle eut à évacuer, à soigner, à vêtir plusieurs centaines de blessés dans le plus déplorable état, manquant de lieu pour les abriter, de moyen pour les transporter, et sous les rigueurs d'un froid de 15 à 20 degrés ; enfin, à l'Isle-sur-le-Doubs, où plus de deux mille blessés ou malades durent être recueillis, logés, pansés, et cela, sous les bouches menaçantes des deux artilleries ennemies, dont une sage intervention du maire de l'Isle parvint à conjurer le feu imminent.

Dans le même temps, une autre fraction de l'Ambulance, sous la conduite du Dʳ Ménecier (de Marseille), soignait à Pontarlier près de quatre mille malades, et créait au fort de Joux une ambulance nouvelle avec ses seules ressources.

Que de souffrances, Messieurs, quels lamentables souvenirs ! Mais aussi quelle douce pensée que celle d'avoir pu soulager quelques-unes de ces misères! Plusieurs fois l'Ambulance du Midi, malgré l'extrême économie de son administration, s'est trouvée elle-même sans ressources; de généreux envois de Suisse et quelques-uns non moins considérables de Comités de Montpellier indépendants du nôtre, lui permirent de continuer son œuvre; cette œuvre, elle l'a poursuivie et accomplie jusqu'à la fin des hostilités. Fidèle à notre malheureuse armée, elle l'a accompagnée jusque dans sa retraite hors de nos frontières, et ne s'est résignée à la quitter que pour la remettre entre les mains de cette généreuse Suisse, dont la sympathique attitude durant tout le temps de la guerre a été tout ensemble un acte de courage et un acte de vertu, et lui a mérité à jamais notre admiration et notre reconnaissance.

Si loin de nous que s'accomplissent tant de scènes navrantes, nous en recueillions pourtant tous les jours les douloureux témoignages. A chaque heure de la journée et de la nuit, des convois de blessés et de malades encombraient notre gare, les uns la traversant seulement pour se rendre à leur destination, les autres s'y arrêtant pour être distribués dans nos diverses ambulances locales, ou recueillis au dépôt des convalescents: tous brisés par la souffrance et par les fatigues d'une longue route, où ils n'avaient pour la plupart rencontré ni pain pour leur faim, ni pansement pour leurs blessures; on dit même que plus d'un avait succombé dans le trajet, faute de soins ou de nourriture. Des âmes charitables, des Dames de notre cité, émues d'un si douloureux spectacle, avaient spontanément établi un service de distribution d'aliments dans nos salles d'attente: ici, comme partout et toujours, la vie précédait l'organisation. M. Charles de Billy, délégué de la Société centrale dans des départements du Midi, prit à cœur de régulariser et de compléter ce nouveau genre d'assistance; il créa dans le voisinage de la gare une ambulance dite Ambulance d'attente ou de la Gare, destinée à recueillir, pour l'intervalle de deux convois ou pour la nuit, les militaires arrivant blessés ou malades. Vous avez déjà lu le Rapport de votre vice-président, M. le vicomte Amédée de Ginestous, et avez constaté avec satisfaction les heureux effets d'une semblable création: 4773 militaires recueillis, soulagés et reconfortés! la coopération aussi

affectueuse que dévouée d'un grand nombre de Dames et de Messieurs de
notre ville, de nombreuses souscriptions spéciales, le généreux concours
des Élèves de notre École, sous la direction de M. le professeur Dumas, ne
pouvaient manquer d'assurer le complet succès de cette œuvre.

Votre Comité sectionnaire s'était empressé d'affecter à l'Ambulance de
la Gare une subvention de 2 000 fr.; c'était, pour lui, prolonger l'action
de son ambulance volante, dont il retrouvait en quelque sorte dans ses hôtes
temporaires les évacués confiés par elle à sa sollicitude jusqu'à leur destination dernière.

Jusqu'ici, Messieurs, votre Comité s'était maintenu dans l'ordre naturel
de ses attributions : appelé à porter des secours aux blessés de terre et de
mer, il s'était mis en mesure d'accomplir sa mission sur le champ de bataille et sur le seuil des hôpitaux ; mais des circonstances d'un caractère
tout nouveau et d'une gravité exceptionnelle allaient bientôt lui imposer
des devoirs nouveaux, exceptionnels : nos désastres de Sédan et de Metz
devaient faire naître des besoins aussi imprévus qu'eux-mêmes.

Quatre-vingt mille hommes, suivis bientôt de cent cinquante mille,
durent prendre le chemin de la captivité et de l'exil, supporter sur la
terre ennemie les rigueurs d'un hiver insolite, dans le plus lamentable dé-
nûment ; partis pour la guerre en costume d'été, nos malheureux soldats
arrivaient en Allemagne les vêtements en lambeaux, et devaient la plupart
camper sous des tentes, en attendant que des casernes ou des barraques
en bois pussent leur offrir un abri.

De pareilles circonstances devaient élargir le domaine de notre activité ;
nous fûmes unanimes à décider que nous étendrions aux prisonniers le
bénéfice de notre Société. Une commission fut nommée parmi nous, qui,
à l'exemple du Comité de Bâle, émanation de l'agence internationale de
cette ville, à l'instar des Comités de Bordeaux, de Tours et d'autres villes,
s'occupa exclusivement de l'œuvre des secours aux prisonniers.

Cette branche nouvelle ne devait pas moins prospérer que les deux
autres.

Secrétaire spécial ne refusant à ses fonctions ni son temps ni sa peine ;
hommes de toutes les professions faisant à tour de rôle, durant des

journées entières, le sacrifice de leurs occupations ; dames de toutes les communions transformées spontanément en ouvrières à longues et productives journées ; matière première des vêtements fournie généreusement par MM. les fabricants de l'Hérault ; apport de mains habiles et exercées par les associations diverses et les ouvroirs de notre ville, et en particulier par l'œuvre de la Miséricorde ; contributions volontaires en argent, en nature, rien n'a manqué pour le plus grand soulagement de tant de misères et de souffrances.

Votre Comité vota successivement un secours de 1 000 fr., puis un nou-de 2 700 fr., et se mit en rapport direct avec les Comités de Bâle et de Vienne qui, par leur admirable organisation, leur situation géographique et leurs relations, assuraient l'arrivée de nos envois ; le nombre des objets expédiés s'élève au chiffre de 12 787. Une somme de 500 fr. a été en outre remise par nous à M. le capitaine de vaisseau du Petit-Thouars, à la destination spéciale des prisonniers internés à Rastadt.

Jaloux de ne laisser sans emploi aucune forme de la charité, nous avons eu à cœur de favoriser les communications directes des prisonniers avec leurs familles, en facilitant à celles-ci des envois tout personnels d'objets de vêtement ; grâce à notre intervention, 402 paquets munis d'adresses particulières ont pu être envoyés. Enfin, M. Charles de Billy a eu l'heureuse pensée de s'offrir comme intermédiaire pour les envois d'argent. Ces sommes atteignent le total de 42 248 fr. 60 c.; 1 950 prisonniers ont profité de cette Agence toute volontaire.

Le rapport du secrétaire spécial de l'œuvre, M. Paul Cazalis de Fondouce, vous donnera les détails de ces divers envois, et vous permettra d'apprécier l'intérêt et les avantages de notre nouvelle œuvre.

Une dernière épreuve devait encore en justifier l'opportunité par un appel pressant à ses ressources : notre armée de l'Est, devenue impuissante contre l'ennemi, dut, pour lui échapper, chercher un refuge dans un pays neutre. Nous ne redirons pas les horreurs de cette retraite ; nous avons avons déjà dit les consolations de l'hospitalité suisse ; nous ne pouvions demeurer étrangers à ce déploiement de haute vertu nationale dont nos compatriotes étaient l'occasion et l'objet. Votre Comité a distrait de ses fonds une somme de 2 000 fr, en faveur des internés en Suisse, et a donné son patronage à une quête faite par un grand nombre de Dames, laquelle, sous l'impression de tant de souffrances, a produit un total de 11 000 fr.

En résumé, Messieurs, votre Comité sectionnaire avait reçu en argent, par contributions volontaires, avant la création de ses œuvres spéciales, la somme de 61 341 fr. 95 cent. Il a employé, soit au loin, soit auprès, à la satisfaction des divers besoins que nous venons d'énumérer, une somme d'environ 56 000 fr. Mais ce n'est là qu'une partie de ses ressources et de ses distributions. A ce budget de la caisse dite centrale, il convient d'ajouter les budgets spéciaux de ses œuvres particulières. Si aux 61 341 fr. nous ajoutons les dons en argent ou en nature reçus par l'œuvre des Prisonniers et l'Ambulance de la Gare, savoir : 5 247 fr. pour la première, 42 095 fr. pour la seconde, nous arriverons à un total de 108 000 fr. dont les Rapports de chacune d'elles vous feront connaître l'emploi.

Tel est notre bilan, Messieurs. Assurément, si nous sondons l'abîme qui demandait à être comblé, nous déplorerons l'insuffisance de notre action, si efficace que notre intervention ait pu être relativement ; mais nous n'avons pas été les seuls à porter à la grande œuvre de soulagement le tribut de nos sacrifices et de notre dévouement. Notre Comité n'était qu'une maille du grand filet de charité que la Société de secours aux blessés de terre et de mer a eu à cœur de jeter sur nos misères nationales.

Le Rapport général qui sera dressé par la Société centrale, et qui relatera ses travaux durant la malheureuse campagne qui vient de finir, nous promet plus d'un témoignage de féconde activité.

D'ailleurs, partout à côté d'elle, et notre ville nous en fournit la preuve, des Sociétés charitables se sont proposé des buts spéciaux pour lesquels n'ont manqué ni la sympathie ni une généreuse et patriotique assistance ; une statistique exacte de tous ces secours composerait, nous n'en doutons pas, une page honorable entre toutes dans les fastes de notre département.

Réjouissons-nous donc, Messieurs, de la mesure de nos efforts personnels ; aussi bien les sentiments élevés d'union, de fraternité, d'apaisement que nous avons éprouvés en coopérant à l'œuvre commune, n'étaient-ils pas tout ensemble une récompense précieuse pour nos sacrifices, et le sceau irrécusable de cette solidarité qui relie en un même corps, en dépit des dissidences de parti et d'opinion, tous les membres de la grande famille humaine.

Messieurs, le compte-rendu général de la gestion de nos fonds, qui demande à être complété par l'annexion des rapports particuliers de nos œuvres spéciales, ne sera pas le dernier acte de votre Comité sectionnaire! Sa mission ne finira pas avec la violence et le malheur des temps que nous venons de traverser : né pendant la paix, il est destiné à survivre à la guerre. Le nombre considérable de nos compatriotes qui ont demandé à en faire partie le jour où, par une heureuse modification de votre Règlement, il s'est ouvert à tous, les bonnes habitudes de réunion périodique de nos commissions spéciales et de celle en particulier qui, sous le nom de Commission administrative, date à peine de quelques mois, sont des éléments trop précieux pour demeurer stériles.

Nous aurons à rechercher ensemble, et avec la Société centrale tout entière, les meilleurs moyens de les utiliser durant la paix.

Messieurs, arrivés au terme de leurs fonctions, au moment de leur renouvellement, votre Bureau et votre Commission d'administration vous remercient de votre haute et flatteuse confiance et de votre dévoué concours.

RAPPORT SUR L'AMBULANCE DU MIDI,

Par M. le Dᵉ **SABATIER**, Professeur-Agrégé à la Faculté de médecine, Directeur de l'Ambulance.

Appelé, comme chirurgien en chef de l'Ambulance du Midi, à faire un Rapport sur ses travaux, je dois surtout m'attacher à mettre en saillie les faits chirurgicaux intéressants, et à signaler tout ce qui peut donner lieu à des réflexions utiles sur l'organisation des ambulances volontaires et sur leurs rapports avec les divers corps, soit administratifs, soit militaires, auxquels elles se trouvent nécessairement mêlées.

L'Ambulance du Midi a été créée par l'association des efforts des Comités de Marseille et de Montpellier. Chacun des deux Comités avait eu la pensée de fonder une ambulance volontaire. Le Comité de Montpellier, désireux de faire représenter sur les champs de bataille la métropole médicale du Midi, s'était adressé, dans le commencement du mois de septembre, au Comité central de Paris, pour obtenir de lui des instructions, et des fonds qui pussent être ajoutés à ceux qui lui restaient en caisse après des envois considérables au Comité central. Aucune réponse n'étant arrivée, et le blocus de la capitale ayant interrompu toute communication avec la Province, le Comité montpelliérain aurait peut-être, quoique à très-grand regret, renoncé à la création d'une ambulance volontaire, quand arrivèrent plusieurs docteurs de Marseille, élèves, pour la plupart, de la Faculté de Montpellier et qui, désireux de fonder une Ambulance du Midi, et membres du Comité marseillais de la Société de secours aux blessés, venaient demander à la Faculté un chirurgien en chef et un certain nombre de chirurgiens majors. De plus dignes ayant refusé de prendre comme chirurgien en chef la direction de l'Ambulance, je cédai aux encouragements de MM. les délégués du Comité marseillais et de quelques amis de Montpellier qui se décidaient à me suivre dans cette difficile campagne, et j'acceptai le rôle périlleux qui m'était offert.

Je ne m'en dissimulai point tous les écueils; mais j'avais, pour me soutenir, la satisfaction de voir la Faculté de médecine de Montpellier représentée par plusieurs de ses membres, anciens ou actuels, dans le service actif des ambulances volontaires. Il fut convenu en effet que la Faculté de Montpellier fournirait une partie importante du personnel médical de l'ambulance; que, de plus, le Comité montpelliérain participerait pour une somme de 10 000 francs à sa création, qu'il entrerait pour sa part dans les dépenses ultérieures, et que l'ambulance porterait le nom d'Ambulance du Midi (Marseille-Montpellier).

Dans plusieurs réunions successives tenues à Marseille, des dispositions furent prises pour régler l'organisation de l'Ambulance, pour fixer le nombre et le traitement de ses membres, pour élaborer un règlement et déterminer le rôle de chacun.

C'est ainsi que, sur la proposition du chirurgien en chef, non-seulement le prix de l'entrée en campagne des membres de l'Ambulance fut considérablement réduit, mais il fut encore décidé que les fonctions de chirurgien en chef, de major, de pharmacien en chef, seraient entièrement gratuites, et que les aides et sous-aides ne recevraient que 30 francs par mois au lieu de 150 qui leur avaient été d'abord alloués, et que le traitement mensuel des infirmiers serait fixé à 40 francs. Il fut ainsi compris que dans une œuvre dont le budget était constitué par la charité, les traitements devaient être en raison inverse de la dignité.

Pour mettre de l'ordre dans ce Rapport, je ferai dans la première partie le récit des travaux et des vicissitudes de l'ambulance, et je consacrerai la seconde partie à l'examen et à la discussion des questions chirurgicales et autres qui nous sembleront présenter de l'intérêt.

Le personnel de l'Ambulance, qui partit le 29 octobre de Marseille pour le théâtre de la guerre, était composé de la façon suivante :

CORPS MÉDICAL.

Chirurgien en chef. — Le Dr SABATIER, professeur-agrégé et ex-chef des travaux anatomiques de la Faculté de médecine de Montpellier.

Majors. — Le Dr MÉNÉCIER (de Marseille) ; le Dr LEENHARDT, chef de clinique chirurgicale de la Faculté de Montpellier ; le Dr COURT (de Marseille).

Premier pharmacien en chef. — Le Dr PLANCHON, professeur à l'École Supérieure de pharmacie de Paris, ancien agrégé de la Faculté de Montpellier.

Second pharmacien en chef. — M. PROTAT.

Aides-majors. — Chef : M. PIZOT, prosecteur de la Faculté de Montpellier.
MM. BOUILLAN, HÉRAIL, DE LA JAVIE, LASALLE, MEFFRE, MONNOYER, PAILLÈRE, SALLES, SÈVE.

Sous-aides-majors. — Chef : M. BÉCHAMP, préparateur de chimie de la Faculté de Montpellier.
MM. AUBE, BARTHÉLEMY, ESPANET, GAZAN, GIRARD, HUGUES, LAFLOUX, MERCIER, PETIT.

ADMINISTRATION.

Administrateur. — Le Dr OLIVE (de Marseille), président du Comité Marseillais.

Comptables. — MM. RICHARD, GUIEN (Auguste), COULAN.

AUMONIERS.

Catholique : le P. ASTIER. — Protestant : le Pasteur CADIOT.

INFIRMIERS.

Chef : M. ARGELIEZ père.
MM. ARGELIEZ fils, BARDÈCHE, CARNARD, FÈGE, ISSAUTIER, MANGIN, MATTHIEU, PASCAL, SAUNIER, VILLEPRANT.

En tout quarante-trois personnes, qui constituèrent, dès le début, l'ambulance volante qui se dirigea le 29 vers Lyon. Je dois ajouter, pour être entièrement exact, que sur la liste primitive figuraient encore quelques noms de Docteurs dont le départ n'avait pas de date fixe, et qui se proposaien de venir nous rejoindre dans un avenir plus ou moins éloigné. C'étaient MM. les Drs Maurin et Peyron (de Marseille), dont le premier est venu à

Bellegarde (Loiret) pour notre ravitaillement et a passé six jours auprès de nous, et dont le second, venu à Neufchâtel dans le même but, a prêté pendant quelques jours son concours à la section de l'Ambulance qui s'était établie dans cette ville.

Je dois encore ajouter que le personnel ainsi constitué a subi d'assez nombreuses fluctuations, par suite du départ d'un certain nombre de membres et par l'acquisition de nouveaux collègues recrutés pendant la durée de la campagne. C'est ainsi que, soit la maladie, soit la fatigue, soit des raisons de famille, ou même d'autres causes ont rendu à leurs foyers quatorze membres, dont douze Marseillais et deux Montpelliérains. Parmi eux s'est trouvé notre cher administrateur M. Olive, qui, sérieusement fatigué dix jours après le départ de l'Ambulance, a dû nous quitter, à notre grand regret, avant le début de la campagne active. Rentré auprès des siens, il y a subi une longue et grave maladie, et est resté jusqu'à la fin à Marseille, où il a rendu, dans les Ambulances locales, des services considérables que le rapport du Comité Marseillais ne saurait négliger de nous faire connaître. Pendant le séjour récent de l'une des sections de l'Ambulance à Neufchâtel, M. Olive est venu la ravitailler fort à propos. Mais son éloignement forcé de l'Ambulance a été doublement regrettable, en ce qu'il nous a privés d'un bon collègue et en ce qu'il a laissé sans représentant supérieur la partie administrative de l'Ambulance, dont j'ai dû prendre une large part, en même temps que je priais mes collègues MM. Ménecier, Leenhardt, Planchon, Prolat, et Cadiot de se charger d'une partie de cette lourde tâche. Je ne saurais trop reconnaître ici le bon vouloir et le zèle avec lesquels chacun d'eux, se chargeant de certaines attributions déterminées, a pris ainsi sa part de responsabilité dans notre administration.

Après la campagne de Beaune la Rolande, c'est-à-dire vers le 2 ou 3 décembre, le Dr Court sérieusement indisposé dut également se séparer de l'Ambulance.

Le personnel Montpelliérain a eu aussi ses pertes, dont l'une est malheureusement de celles qui se qualifient d'irréparables. M. Lasalle, jeune étudiant distingué de la Faculté de Montpellier, aide-major de l'Ambulance, est mort à Fontaine-les-Châtels, victime de son dévouement pour les varioleux de notre armée de la Loire alors en marche vers l'Est.

2

Sa mort a été un deuil profond pour les membres de l'Ambulance, qui avaient tous apprécié sa nature droite et sûre, et son zèle infatigable. Un autre étudiant de Montpellier, M. Delphy, s'étant fracturé l'avant-bras, a dû rentrer dans sa famille pendant notre campagne de l'Est.

L'éloignement volontaire ou forcé de quelques membres de l'Ambulance a du reste été compensé par des acquisitions successives dues, soit à des circonstances fortuites, soit à la nécessité de recruter quelques aides. Parmi ces acquisitions je me réjouis de signaler comme la plus heureuse celle du Dr Jules de Seynes, professeur-agrégé de la Faculté de médecine de Paris, notre ancien condisciple et ami de Montpellier. Séparé par les circonstances de l'Ambulance de Paris, dont il faisait d'abord partie, M. de Seynes nous a fait le plaisir de se joindre à nous pendant notre campagne de l'Est. Il était des nôtres à Villersexel et à l'Isle-sur-le-Doubs, où nous eussions bien voulu le garder jusqu'à la fin, si des raisons de santé ne l'avaient forcé au départ.

L'Ambulance s'est en outre associé comme aides M. le comte de Gommegnies à Fontaine, MM. Delphy, Folz, Guien aîné, et Chérouvrier à Bellegarde, et comme infirmiers ou cochers, MM. Hilaire et Louis à Gien.

Les ressources matérielles de l'Ambulance était de 35 000 fr., dont 23 000 fr., fournis par Marseille et 12 000 fr. par Montpellier. Des dons successifs, provenant des deux Comités, ont porté le chiffre total à quarante mille francs environ. Notre matériel se composait, au départ, de deux fourgons auxquels nous en avons successivement ajouté trois autres.

Des provisions suffisantes de matières alimentaires, de linges et d'appareils, d'instruments et de substances pharmaceutiques, nous avaient été fournies par les deux Comités fondateurs.

L'Ambulance partit de Marseille le 29 octobre à quatre heures du soir, au milieu d'un concours considérable de spectateurs qui tenaient à lui témoigner leur sympathie pour l'œuvre qu'elle allait accomplir. M. Charles de Billy, délégué régional de la Société Internationale à Montpellier, et qui avait pris à la formation de l'Ambulance une part si active, s'était rendu à Marseille, soit pour mettre la dernière main à notre organisation, soit pour présider à notre départ.

Partis de Marseille le 29 au soir, nous nous trouvâmes à Lyon quand se répandit la douloureuse nouvelle de la reddition de Metz. Ayant appris qu'un très-grand nombre de malades et de blessés se trouvaient dans cette ville depuis longtemps privés des ressources nécessaires, nous cédâmes au désir de nous rendre immédiatement utiles, et le 31 nous envoyâmes de Lyon une dépêche télégraphique à l'Agence internationale de Bâle, la priant d'offrir nos services aux autorités militaires prussiennes pour soigner nos soldats malades. Nous reçûmes seulement quinze jours après, à Chagny, la réponse suivante :

« Dès la réception de votre dépêche du 31 octobre, nous avons transmis » votre offre aux autorités allemandes, à Metz ; mais nous n'avons malheu- » reusement point reçu de réponse à l'heure qu'il est. Nous devons du » reste ajouter que, d'après des cas précédents analogues, nous n'avions » que peu d'espoir de succès pour votre démarche.
» *Pour l'Agence,*
» A. KRAGERE-FOERSTER. »

Quand cette réponse tardive nous parvint, nous avions déjà pris une nouvelle détermination, et nous étions établis à Fontaine-les-Châlons, près de Chagny (Saône-et-Loire), où s'opérait une concentration de troupes françaises à la suite de la prise de Dijon par les Prussiens. Usant de l'hospitalité tout exceptionnelle de M. Berthod et des habitants de Fontaine en général, l'Ambulance y séjourna depuis le 2 novembre jusqu'au 17, c'est-à-dire quinze jours d'une inaction un peu longue. Dans l'attente d'événements militaires possibles, nous disposâmes convenablement des locaux d'ambulance, et je tâchai de rendre nos loisirs profitables à nos aides et à nos infirmiers en leur faisant quelques conférences sur les moyens d'arrêter les hémorrhagies, sur les pansements et le rôle des aides dans les grandes opérations.

Pensant que, pour être utile le plus possible, une ambulance avait besoin d'avoir avec les autorités militaires des liens qui, en lui imposant des obligations, lui conféreraient aussi des droits, je me mis en relation avec le général Crouzat, commandant le 20me corps, et avec le général Ségard, placé à la tête de la 3me division. Cette division était dépourvue d'ambulance militaire: il fut convenu que l'Ambulance du Midi lui serait désormais officiellement attachée. Avec elle, nous suivîmes la marche rapide de l'armée de Chagny à Gien, où nous arrivâmes le 20 novembre et d'où nous partîmes le 22, pour nous rendre à Bellegarde (Loiret). Nous y arrivâmes le 24, pendant qu'une partie du 20ᵉ corps était engagée avec les troupes prussiennes qui avaient pris possession du village de Ladon, situé à 10 kilomètres de Bellegarde. L'intendance nous attendait avec une grande impatience, car les secours chirurgicaux militaires manquaient presque complètement, et les blessés arrivaient à Bellegarde en nombre assez considérable. Nous préparâmes immédiatement des locaux, et avec quelques membres de l'Ambulance nous nous rendîmes sur le lieu du combat, d'où nous ramenâmes un certain nombre de blessés. Ayant appris le lendemain au soir que les Prussiens avaient évacué le village de Ladon, quelques-uns d'entre nous s'y rendirent par une nuit noire et pluvieuse avec trois omnibus, pour y chercher des blessés. Avec MM. Leenhardt, Planchon et Cadiot, qui m'accompagnaient, nous trouvâmes, en effet, de nombreuses victimes dans les salles de l'école, dans les cafés, chez les particuliers. Presque tous étaient gravement atteints, et un petit nombre seulement étaient susceptibles d'être transportés sans une opération préalable. La majorité des blessés appartenaient aux Prussiens. Nous pansâmes ceux qui en avaient besoin. A ceux qui souffraient beaucoup, des potions laudanisées furent données. Ceux qui pouvaient supporter le voyage furent mis dans nos omnibus. Rentrés à Bellegarde à deux heures du matin, nous en repartîmes à neuf heures, pour retourner à Ladon prendre de nouveaux blessés et y faire quelques opérations urgentes.

Le général Ségard m'ayant prévenu le soir même de ce jour qu'un engagement meurtrier avait eu lieu à 5 kilomètres au-delà de Ladon, j'envoyai quelques fourgons avec une escouade de sept membres de l'Ambulance, ayant à leur tête deux majors, MM. Ménecier et Court. Mais l'obscurité profonde et la difficulté de cheminer de nuit sur des routes coupées et détériorées, ne leur permirent pas d'arriver jusqu'au but.

Enfin, le 28 novembre, s'engagea la bataille de Beaune la Rolande, qui nous fournit bien plus de blessés que les engagements précédents.

Dès midi, une partie nombreuse de l'Ambulance, avec toutes nos voitures, se dirigea vers Beaune pour suivre de près l'action et pour y panser et recueillir des blessés. Pendant ce temps, nous multipliions, à Bellegarde, les locaux d'ambulance, nous disposions des lits, des paillasses, des matelas, de la paille, soit dans les salles de l'école, soit dans le château de M. Galopin, soit dans les maisons particulières qui avaient été mises à notre disposition, soit enfin dans l'église et le château de Quiers, petit village situé à 1 kilomètre de Bellegarde, dans la direction de Beaune.

Une fois ces dispositions prises, je me mis à la tête d'une longue file de charrettes réquisitionnées, et je me dirigeai vers Beaune afin de ramener les blessés du champ de bataille. En arrivant sur le lieu de l'action, je trouvai le personnel de l'Ambulance dans une triste situation : englobés, avec leurs fourgons, dans la panique d'un régiment de mobiles, ils avaient été culbutés, pressés, contusionnés. L'un de nos fourgons dans lequel les fuyards s'étaient précipités, avait été démoli, et l'un de nos chevaux blessé avait dû être abandonné.

Le calme rétabli, nous nous dirigeâmes, dans l'obscurité la plus complète, vers les villages de Mézières et de Juranville, où l'action avait été très-vive, et où nous comptions trouver de nombreux blessés.

Nos prévisions ne furent que trop réalisées. A Mézières, nous trouvâmes l'église remplie de blessés couchés sur une mince couche de paille, et auxquels l'Ambulance du 18e corps donnait les premiers soins. Les maisons particulières en renfermaient également, et comme les ressources alimentaires et autres manquaient entièrement dans le village, dévasté et désolé, nous nous empressâmes de prendre tous les blessés sur nos voitures, ce qu'ils acceptèrent bien volontiers, et ce que l'Ambulance du 18e corps vit de l'œil le plus satisfait.

Les voitures vides qui nous restaient furent dirigées sur Juranville, où MM. Leenhardt et Planchon trouvèrent encore plus de blessés qu'à Mézières, et dépourvus de tout secours chirurgical. Après avoir fait les pansements nécessaires, ils ramenèrent autant de blessés que purent en contenir nos charrettes de réquisition ; nous rentrâmes vers trois ou quatre heures du matin, et nous établîmes nos blessés dans les divers locaux qui avaient été disposés pour cela.

Les jours suivants, 29 et 30 novembre, nous arrivèrent également des blessés qui, étant restés dans des fermes isolées ou au milieu des bois, nous étaient amenés par les paysans. En même temps nous donnions asile, dans des salles spéciales, à de nombreux fiévreux atteints de bronchite, de douleurs rhumatismales, de fièvres typhoïdes, de pneumonies, de fièvres intermittentes, etc. Quatre services avaient été ainsi institués, dont trois chirurgicaux, à la tête desquels j'avais placé le Dr Leenhardt (auquel s'était adjoint M. Planchon), le Dr Ménecier et le Dr Court ; le Dr Maurin, qui était venu de Marseille pour nous ravitailler, fut chargé du service des fiévreux pendant les quelques jours qu'il nous donna. Pour moi, je conservai la direction générale des services, auxquels je faisais tous les jours une ou plusieurs visites, et dans lesquels je devais pratiquer les opérations les plus importantes. C'est ainsi que nous soignâmes environ 500 blessés ou fiévreux.

La bataille de Beaune ayant été suivie de petits engagements successifs dans les positions voisines, il nous arrivait tous les jours de nouveaux blessés ; mais à mesure aussi, le service des évacuations s'étant régulièrement établi, diminuait le nombre de nos malades dans des proportions plus considérables : aussi, quand le 30 novembre nous fûmes invités à suivre le 20e corps, qui cédait à Bellegarde la place au 18e, l'Ambulance put se diviser en deux sections, dont l'une devait suivre l'armée, et dont l'autre, destinée à rester à Bellegarde tant que sa présence y serait nécessaire, viendrait plus tard rejoindre la première.

Je me mis à la tête de la première section, composée de MM. les Drs Leenhardt et Planchon, et d'un nombre correspondant d'aides et d'infirmiers ; et je laissai à la tête de la seconde MM. les Drs Ménecier, Court et Protat.

Le 20e corps s'étant porté à Vitry-aux-Loges, à Nibelle et Chambon, nous nous établîmes nous-mêmes à Combreux, c'est-à-dire dans un point central et éloigné seulement de quelques kilomètres de l'armée. Gracieusement accueillis chez M. le duc de La Rochefoucault, nous songeâmes à créer une ambulance dans le château de Combreux et ses dépendances, si un engagement avait lieu dans le voisinage. En attendant, nous soignâmes dans quelques chambres mises à cet effet à notre disposition, un certain nombre de soldats que les fatigues et la rigueur commençante de la saison mettaient dans la nécessité d'abandonner les lignes.

Nous séjournâmes à Combreux les 1er, 2, 3 décembre, et nous en repartîmes le 4.

Pendant ces journées, nous entendîmes presque constamment le canon vers le nord-ouest, mais particulièrement pendant toute la journée du 3, où la forêt d'Orléans ne cessa de retentir des salves de l'artillerie. Tenu sans cesse en éveil par ces solennelles détonations, j'envoyai à plusieurs reprises des courriers à l'état-major du 20e corps pour avoir des renseignements, et il me fut toujours répondu que le 20e corps restait immobile et n'avait pas reçu l'ordre de prendre part à l'action.

Le 4 décembre, nous apprîmes les malheurs de notre armée, et nous fûmes invités à suivre le 20e corps dans son mouvement de retraite vers la Loire. Avant d'effectuer ce départ, je me rendis à Bellegarde, pour constater l'état de nos ambulances et y donner aux majors qui les dirigeaient mes dernières instructions. Je leur recommandai d'évacuer les malades susceptibles de l'être, de confier le petit nombre de ceux qui resteraient aux trois docteurs de la localité, et de venir nous rejoindre le plus tôt possible. De retour à Combreux, je donnai l'ordre du départ, et nous nous mîmes en route vers Orléans, où, malgré la distance, nous avions l'intention d'arriver dans la nuit. Sachant qu'on se battait depuis trois jours au nord d'Orléans, notre désir était d'établir une ambulance dans la ville ou dans les environs. A cet effet, j'avais envoyé en avant deux membres de l'Ambulance qui pussent prendre des informations et retenir des locaux. Arrivés à Fay-aux-Loges à la nuit, nous comptions aller de là à Checy, quand, dans les environs de Donnery, nous apprîmes que le 20e corps avait été attaqué par les avant-postes prussiens qui étaient maîtres de Checy, qu'un court engagement avait eu lieu, et que, sous la protection du 47e de ligne appartenant à la 3e division, le 20e corps s'était porté vers le sud pour passer la Loire à Jargeau. Craignant de tomber de nuit dans une embuscade ennemie, nous résolûmes de dévier vers Jargeau, ce que nous fîmes sans être inquiétés, et nous passâmes la Loire sur le pont suspendu de Jargeau, dont la chute était déjà préparée. Néanmoins désireux d'entrer à Orléans avant que les Prussiens ne nous en eussent fermé les portes, nous continuâmes notre route jusqu'à Sandillon, malgré la fatigue et l'heure avancée, espérant le lendemain matin arriver de bonne heure à Orléans, qui n'en était éloigné que de 11 kilomètres. Mais nos avant-coureurs, qui revinrent vers trois ou quatre heures du matin, nous apprirent que l'armée française avait évacué Orléans, et que les Prussiens, y ayant fait leur entrée, ne tarderaient pas à paraître pour inquiéter la retraite de l'armée française. Tenant à ne point être séparés par eux sans utilité des troupes françaises, nous partîmes de très-grand matin, et, selon les instructions du général, nous nous dirigeâmes vers Cerdon, où il était d'abord convenu que l'armée se rallierait.

Partis de Sandillon à six heures du matin, nous arrivâmes à Tigy, où nous rencontrâmes le 20e corps se rendant à Viglain. Pour éviter avec nos fourgons les routes encombrées par les colonnes et les bagages de l'armée, nous résolûmes d'aller le soir à Sully, où nous espérions ne pas trouver de troupes. Nous y arrivâmes tard. La température était très-froide ; la Loire, prise sur ses bords, charriait de forts glaçons couverts de neige. Le village de Sully était occupé par le 18e corps, et les troupes affamées étaient couchées sur la terre gelée. Dans l'impossibilité de trouver pour nous ni un abri, ni un morceau de pain, nous nous résolûmes à pousser notre marche jusqu'à Cerdon, qui était à 15 kilomètres de Sully.

Le lendemain, laissant le 20e corps à Argent, nous nous rendîmes à Aubigny, et de là enfin à Bourges, où une dépêche du général Ségard nous donnait rendez-vous. Nous y arrivâmes le 8 décembre. L'avant-veille, à Cerdon, nous avions opéré notre réunion avec la section qui était restée à Bellegarde, et qui, après avoir évacué presque tous ses blessés et confié les autres aux docteurs de la localité, était passée par Châteauneuf et Sully.

Pendant notre séjour à Bourges, nous organisâmes quelques ambulances pour les fiévreux, si nombreux alors dans l'armée de la Loire. Une section de l'Ambulance alla s'établir à Levet sous la direction du Dr Leenhardt, et la seconde à Dun-le-Roi, sous la direction du Dr Ménecier. Dans ces deux ambulances furent reçus une centaine de malades appartenant, soit au 20e, soit au 15e corps. Ayant ainsi organisé les services, je restai auprès du quartier-général, attendant des mouvements importants de l'armée que l'on me faisait pressentir, et visitant les sections de l'Ambulance.

Après quelques jours d'attente nécessaires pour permettre la concentration de l'armée, les troupes se dirigèrent vers Dôle et Besançon, et nous dûmes songer à les suivre.

Pour la troisième fois, je divisai l'Ambulance en deux sections : l'une destinée à se mettre aussitôt en mouvement, et la seconde, à laquelle je confiai la mission de soigner, à Fontaine-les-Châlons, un certain nombre de varioleux et de malades atteints de bronchites et de pneumonies, que le froid devenu très-intense (15 à 18° environ) multipliait considérablement dans l'armée. Cette dernière section devait venir rejoindre la première dès que celle-ci serait établie et aurait des blessés à soigner.

La première se composait de MM. Sabatier, chirurgien en chef ; Leenhardt, chirurgien-major ; Planchon, premier pharmacien en chef ; Pizot, Béchamp, Salles, Espanet, comte de Gommegnies, aides ; Barthélemy, intendant ; Chérouvrier, comptable ; Bardèche, Fège, Matthieu, Saunier, infirmiers et cochers. MM. les aumôniers Astier et Cadiot restaient naturellement attachés à cette section, appelée à arriver la première sur le théâtre de l'action. La seconde section était formée par MM. Ménecier, chirurgien-major ; Protat, deuxième pharmacien en chef ; Paillère, Hérail, Monnoyer, Sève, Aube, Folz. aides ; Guien (Auguste), intendant ; Guien (Jacques), comptable ; Argeliez père et fils, Carnard, Louis, infirmiers.

Je désirais, par cette division de l'Ambulance, rendre chacune de ses sections plus mobile, plus volante, plus apte à suivre les déplacements rapides de l'armée, qui semblaient devoir être un des caractères et une des conditions de succès de cette campagne. J'avais également l'intention de parer par là aux difficultés de nourriture et de logement, que permettaient trop de prévoir et la rigueur extrême de la saison et la situation misérable des pays à parcourir, qui avaient déjà souffert de l'invasion.

Laissant les majors Ménecier et Protat à la tête de la section stationnaire, je confiai aux majors Leenhardt et Planchon la direction de la section volante, dont je dus me séparer pendant quelques jours, pour prendre un peu de repos devenu nécessaire.

PREMIÈRE SECTION.

Cette section se dirigea vers Dôle, Besançon, et arriva enfin à Villersexel le soir même de la prise de ce village. C'est là que je la rejoignis le lendemain. L'Ambulance, arrivée de nuit dans cette localité dévastée et encore fumante de l'incendie du château et de plusieurs maisons, trouva un nombre considérable de blessés, deux cents au moins, gisants sans soins. Les ambulances militaires n'étaient pas encore rendues, et l'ambulance du 18° corps, qui eût dû déjà se trouver sur les lieux, puisque ce corps était à Villersexel et avait donné dans l'attaque, n'arriva que le lendemain. La nuit se passa pour nous à panser tous les blessés couchés sur de la paille à la mairie et dans quelques maisons, et à leur distribuer du bouillon et les premiers soins nécessaires.

Les aliments manquaient entièrement dans ce village bombardé, incendié, pillé déjà par les Prussiens, et abandonné par les habitants. L'intendance du 18° corps nous fit, après bien des difficultés et de fort mauvaise grâce, l'aumône de quelques pains, soit pour nous, soit pour les blessés qu'elle aurait dû nourrir.

Le lendemain nous espérions nous mettre à l'œuvre et faire un certain nombre d'opérations urgentes, quand l'intendance du 18ᵉ corps nous fit savoir que, par ordre supérieur, tous les blessés devaient être évacués ; et malgré notre résistance et les allégations que nous fîmes valoir contre un transport si prématuré, avant que les opérations indispensables fussent faites, nous dûmes céder à l'autorité. L'évacuation dura toute la journée et continua pendant une partie de la nuit suivante, malgré une température des plus rigoureuses, 15° de froid au moins. Un dernier convoi de quelques prisonniers et de plus de 500 blessés, placés dans des charrettes découvertes pour la plupart, attendit de nuit pendant plusieurs heures qu'une escorte, bien négligemment prévenue sans doute, lui fût envoyée. Les blessés, mal vêtus, déguenillés, sans chaussures, la plupart sans couvertures, grelottaient et gemissaient sous l'action d'un froid excessif. Nous fîmes auprès de l'autorité militaire les démarches nécessaires pour hâter le départ de ces malheureux, qu'un voyage de sept ou huit heures allait laisser trop longtemps exposés au froid, et nous distribuâmes des chaussettes, des couvertures, des vêtements à ceux qui en étaient privés. Nous leur fîmes également plusieurs distributions successives de bouillon, de vin chaud, de tisane et de pain.

Séparés ainsi, bien malgré nous, de nos blessés, nous partimes pour l'Isle-sur-le-Doubs, où nous arrivâmes le 14 janvier. Cette petite ville, très-hospitalière, nous paraissant le lieu le mieux indiqué pour l'évacuation des blessés venant du côté de Belfort, nous résolûmes d'y fixer l'Ambulance, sauf à la transporter plus avant dès que la marche de notre armée le permettrait. La situation était évidemment propre à donner lieu à une œuvre chirurgicale et charitable considérable; aussi envoyâmes-nous des dépêches à la deuxième section de l'Ambulance, afin qu'elle vînt aussitôt nous retrouver et doubler ainsi nos forces et notre matériel. Mais cette section, retenue à Fontaine par la maladie et la mort du regrettable Lasalle, un de nos aides-majors, ne put se mettre en route que trop tard. Quand ses avant-coureurs arrivèrent à l'Isle-sur-le-Doubs, les quatre ou cinq premiers jours de grand travail étaient passés, l'armée française en retraite avait déjà quitté l'Isle, et nous avions eu dès le matin de ce jour la visite des uhlans et la certitude pour le lendemain de l'occupation prussienne. Résolu pour ma part, avec la section qui m'avait suivi, à rester, quoi qu'il advînt, auprès de nos blessés, au milieu des lignes ennemies; espérant du reste pouvoir avec beaucoup d'efforts suffire à notre tâche, et désireux de ne pas immobiliser inutilement tout le personnel de l'Ambulance, je donnai aux avant-coureurs l'ordre de retourner auprès des majors Ménecier et Protat, sans perte de temps et avant (c'était ma crainte) que l'encombrement des routes et les difficultés croissantes des communications ne s'opposassent invinciblement à leur réunion. J'engageai en même temps la seconde section à suivre la retraite de notre armée, dans la pensée qu'elle pourrait de son côté fournir son contingent de réels services. On verra plus loin que mes prévisions se réalisèrent.

Le lendemain du jour de notre arrivée à l'Isle, je me rendis à Arcey, accompagné du Dr Leenhardt et de quelques membres de l'Ambulance. Une attaque habile avait permis aux Français de s'établir dans ce village, depuis longtemps occupé par les Prussiens. Nous avions appris qu'il y avait des blessés, et nous allions voir si notre concours n'était pas indiqué. Je me mis en relation avec l'intendance et les ambulances militaires du 24e corps, qui se trouvaient là, et je les prévins que nous pouvions recevoir à l'Isle plusieurs centaines de blessés. Il fut convenu que l'on nous enverrait ceux qui se trouvaient à Arcey dans des conditions déplorables, à peine soignés (je dirai plus tard pourquoi) et à peine nourris, parce que le pain manquait à l'intendance et que les habitants, ruinés par une longue occupation, se trouvaient littéralement sans ressources. Nous revînmes à l'Isle, accompagnant nos omnibus et un convoi de plusieurs charrettes, remplis les uns et les autres de blessés. En même temps nos collègues restés à l'Isle préparaient, sous la direction de M. le Dr de Seynes et de M. Cadiot, des locaux capables de donner asile aux malheureux que nous étions allés chercher. Les vastes bâtiments de l'école des filles, dont les sœurs directrices manifestèrent pour nos blessés un dévouement digne de tout éloge, furent mis à notre disposition, et nous trouvâmes là un certain nombre de lits fournis par les habitants du pays. Où les lits manquaient, nous fîmes jeter une épaisse couche de paille. D'autre part, la mairie, transformée elle-même en ambulance et contenant plusieurs lits, nous fut également ouverte par les soins du maire de l'Isle, M. Meiner, avec l'excellent et très-confraternel concours du médecin de la localité, le Dr Pernod, à l'activité duquel je suis heureux de rendre ici justice. Chaque jour nous arrivaient en grand nombre de nouveaux blessés, et bientôt nous dûmes occuper aussi les vastes écoles de garçons, dont l'instituteur et sa famille furent pour nous des aides précieux et très-dévoués.

Grâce à notre diligence, et (pour rendre justice à qui de droit) grâce surtout au zèle infatigable du Dr Leenhardt et de notre intendant, M. Barthélemy, nous pûmes dans la plupart de ces locaux remplacer la simple couche de paille par de vraies paillasses et des matelas confectionnés ad hoc, ou empruntés aux habitants du pays. Enfin, le nombre des blessés et des malades augmentant toujours, nous prîmes possession de quelques maisons non habitées. Je n'exagère pas, en effet, en disant que pendant ces terribles journées passées devant Montbéliard et Héricourt, et qui précédèrent la retraite de l'armée française, nous pûmes donner successivement des soins, un asile, distribuer de la soupe, des aliments divers et des pansements à près de deux mille blessés ou malades. Il arrivait de jour et de nuit des convois de blessés auxquels tout manquait, et qui subissaient dans des conditions déplorables de vêtement et d'alimentation, des températures sibériennes (de 15 à 20° de froid). Aux plus dénués nous donnions des vêtements indispensables, et particulièrement des chaussures de laine, dont ils étaient généralement dépourvus. Malgré les exigences incessantes du service, un aide-major de l'Ambulance put quelquefois accompagner jusqu'à Clerval les convois de blessés, et leur prodiguer pendant la route les soins nécessaires. C'est ainsi que, durant quelques jours consécutifs, nous avons répondu d'une manière efficace à des besoins dont la dépêche télégraphique suivante, qui me fut envoyée d'Aibres près d'Héricourt, pourra donne une juste idée :

« Intendant en chef du 24ᵉ corps à chef Ambulance établie à l'Isle-sur-le-Doubs.

» Nous avons à faire, du 24ᵉ corps, de nombreuses évacuations de blessés sur Clerval ; nous n'avons pas de médecins et d'infirmiers pour les faire accompagner et soigner tous ; veuillez bien donner, au passage, bouillon, quelques aliments et soins médicaux. Il en passera peut-être 5 ou 600 dans la journée, peut-être plus. Me trouverai à Raynans pour réponse. » PERROT. »

Les blessés qui nous arrivaient pendant la journée et qui pouvaient atteindre Clerval avant la nuit, recevaient de nous des aliments et des soins médicaux, et continuaient ensuite leur route, à l'exception toutefois des varioleux et des blessés gravement atteints. Les convois parvenus à l'Isle dans la soirée ou dans la nuit y restaient jusqu'au lendemain. Nous avions préparé de nombreux locaux convenablement chauffés, où les soldats, couchés sur de la paille, étaient à l'abri du froid extrême de ces nuits glaciales. Nous faisions dans chaque convoi un choix des cas graves, des blessés qui réclamaient une opération, ou pour lesquels la prolongation du voyage eût présenté de graves inconvénients. Les varioleux très-nombreux qui se trouvaient dans les périodes d'incubation ou d'éruption, étaient également gardés et placés dans un local spécial, afin d'éviter la contagion pour les autres malades de l'Ambulance. Ce procédé d'élimination nous laissa entre les mains, lors de la retraite de l'armée française, 300 blessés environ gravement atteints ou ayant subi des opérations sérieuses.

Ce n'est ni sans une grande tristesse, ni sans un profond découragement, que nous vîmes l'éloignement de nos soldats et l'arrivée des troupes ennemies ; mais, grâces à Dieu, nous comprimes que notre place était auprès de nos malades, et que nous devions leur éviter, au prix de notre liberté, les douleurs et les dangers d'un nouveau changement de place. Quand j'annonçai au personnel de l'Ambulance que nous resterions quoi qu'il advînt, j'eus la joie de voir qu'aucun de ceux que je dirigeais ne sentit son cœur défaillir. Tous voulurent rester à leur poste, malgré la menace permanente pendant deux jours d'un bombardement qu'aurait pu déterminer la reconstruction du pont de l'Isle par l'armée prussienne. Cette épreuve nous fut heureusement épargnée, et nous nous en réjouîmes, pour nous sans doute, mais surtout, je puis le dire, pour nos ambulances, qui, placées dans le voisinage du pont, eussent été saccagées et réduites en cendres.

L'arrivée de l'armée prussienne et l'occupation de l'Isle-sur-le-Doubs, en épuisant les ressources du pays, nous créèrent bientôt de grandes difficultés pour la nourriture de nos blessés. La farine ayant été saisie dans les moulins et chez les boulangers par l'armée ennemie, nous fûmes sur le point de nous trouver sans pain. J'en référai aux autorités militaires prussiennes, qui m'accordèrent quelques caisses de biscuit enlevées à l'armée française. La viande était aussi excessivement rare, c'est avec le biscuit et du bouillon Liebig que nous dûmes alimenter nos blessés pendant quelques jours.

Nos provisions s'épuisaient et nos préoccupations pour l'avenir commençaient à devenir très-sérieuses, lorsque, dans une inspiration généreuse, des délégués du Comité de Bâle, parmi lesquels M. Müller et le Dr Socin, vinrent nous apporter un riche approvisionnement de comestibles et d'objets de pansement. Jamais don mieux choisi ne fut fait plus à propos. Farine, légumes, confitures, bouillon Liebig, lait concentré, pruneaux, fromage, vin de Médoc, cigares, médicaments, gouttières métalliques, bandes de toile et de flanelle, chemises, couvertures de laine, ceintures et gilets de flanelle, chaussettes, pantoufles, draps de lit, rien n'y manquait, et tout y était à la fois d'un excellent choix et en quantité rassurante pour l'avenir. Nous fûmes profondément réjouis par ces richesses qui allaient nous permettre de faire tant de bien, et nous en remerciâmes du fond du cœur les amis des blessés qui contribuaient si largement à les soulager. Nous les en remercions encore, et nous les en remercierons toujours, car ils ont fait succéder l'abondance à une disette imminente, et ils l'ont fait spontanément, sur de vagues indications, guidés surtout par cet instinct précieux qui ne manque jamais à ceux qui ont l'ardent désir de faire du bien.

Du reste, notre position vis-à-vis des autorités prussiennes s'améliora de jour en jour, par suite des excellents rapports qui s'établirent entre les chirurgiens de l'armée prussienne et nous. Ces chirurgiens vinrent fréquemment visiter nos ambulances, et assistèrent à nos opérations, pour lesquelles ils nous prêtèrent leur concours en acceptant quelquefois le modeste rôle des aides. Leurs instruments, leurs médicaments, furent mis à notre disposition ; et il y eut vraiment entre nous des rapports de confraternité propres à nous faire oublier, dans cette sphère de la charité et de la science, cette lutte cruelle à laquelle nous assistions depuis bientôt quatre mois.

Le nombre de nos malades ayant considérablement diminué par suite d'évacuations successives sur Montbéliard, et l'état du petit nombre qui nous restaient n'exigeant que de modestes pansements dont l'excellent M. Pernod voulut bien se charger, nous demandâmes au commandant prussien un sauf-conduit qui nous fut accordé, et le 9 février nous pûmes reprendre la route du Midi en passant par la Suisse.

Après un travail excessif de nuit et de jour, accompli par un personnel trop peu nombreux ; après un séjour prolongé au milieu des lignes prussiennes, sans communication possible avec nos familles, tous malades ou tout au moins très-fatigués, atteints par la vermine dont nos soldats étaient couverts, attristés par la maladie de nos compagnons et par la mort de l'un d'eux, l'excellent et digne infirmier Hilaire Godard, la seconde victime de notre campagne ; abattus enfin par tous les désastres auxquels nous venions d'assister, nous vimes tous avec bonheur arriver le jour de la délivrance et du retour dans nos foyers. L'opportunité de ce retour n'était du reste pas douteuse, car la plupart d'entre nous ont été indisposés dès leur rentrée dans leurs familles.

Toutefois, en traversant la Suisse, nous apprimes que l'état sanitaire de nos soldats internés laissait beaucoup à désirer, et que l'on faisait appel au dévouement du Corps médical français. Je m'empressai de me rendre à Berne, pour mettre l'Ambulance à la disposition du général Clinchant. Le chef d'état-major, colonel de Varaigne, auquel je m'adressai en l'absence du général, me répondit que le nombre des malades décroissait rapidement par suite du retour aux bonnes conditions hygiéniques, que le service médical venait d'être organisé et départi entre un nombre suffisant de chirurgiens militaires, et que nos services ne pouvaient être par conséquent utilisés. Cependant je laissai mon adresse au colonel de Varaigne, avec prière de me rappeler par dépêche aussitôt que mon concours pourrait être désiré. En même temps je fis savoir au Comité de Secours de Genève que j'étais prêt à répondre au premier appel qui me serait adressé. Notre devoir ainsi rempli, nous prîmes la route de France, où nous arrivâmes le 12 février.

SECONDE SECTION.

Pour éviter la confusion et présenter les faits avec ordre, j'ai omis à dessein jusqu'à présent ce qui a trait à la seconde section de l'Ambulance. Le moment est venu de parler d'elle et de rendre compte de ses travaux.

On l'a vu, cette section, dont j'avais confié la direction au major Ménecier, avec le concours de M. Protat, second pharmacien en chef, n'avait pu répondre à l'appel que nous lui avions adressé par dépêche, et venir nous rejoindre à l'Isle-sur-le-Doubs. Suivant dès-lors la retraite de l'armée de l'Est, elle revint de Clerval à Besançon, et de là à Ornans et à Pontarlier, où elle séjourna pendant dix jours. Le major Ménecier y avait trouvé un nombre de malades toujours croissant, par suite du désarroi complet et des marches précipitées des troupes françaises. Il suffira de dire que le premier jour nos collègues se trouvèrent seuls en présence de 2 000 malades. Le jour suivant, le nombre avait presque doublé. Les Ambulances des Dames de Saint-Maur, de l'hôpital, des sœurs des écoles, étaient littéralement encombrées. Le pain ne manquait pas moins que les soins médicaux.

Le personnel peu nombreux de notre seconde section n'aurait pu suffire à tant de besoins. Heureusement que de nouvelles Ambulances internationales vinrent joindre leurs efforts aux siens. Heureusement aussi que M. le marquis de Villeneuve-Bargemont, directeur-général des Ambulances internationales, et qui avait pris à l'Ambulance du Midi un si vif intérêt, arriva sur ces entrefaites, et obtint du quartier-général le concours des aides-majors militaires, pour opérer rapidement l'évacuation des blessés sur le territoire suisse.

En quittant Pontarlier, le Dr Ménecier et ses aides se dirigèrent vers Neufchâtel. Dans le trajet, au fort de Joux, le Dr Ménecier, appelé à donner des soins à un certain nombre de malades, fut obligé de pourvoir entièrement au matériel de l'ambulance du fort ; tout y manquait absolument. Vingt matelas, vingt couvertures de laine, quarante draps de lit, plusieurs caisses renfermant des linges à pansement, des médicaments et des vêtements même, furent détachés de nos fourgons pour organiser ainsi de tous points l'ambulance du fort.

A Neufchâtel se trouvaient entassés déjà un très-grand nombre de militaires que les privations de toute sorte avaient rendus incapables de poursuivre leur marche. Les besoins de secours étaient immenses, et néanmoins notre section dut recourir à l'intervention de M. de Villeneuve, pour triompher des dispositions peu empressées du Comité suisse de Neufchâtel, et faire accepter ses services ainsi que les ressources de son matériel.

Le Comité français de secours aux blessés résidant à Neufchâtel, et présidé par Mme la comtesse de Drée, avait profité de l'offre généreuse des sœurs de l'hospice de la Providence et des frères de l'école catholique, et avait établi des lits d'ambulance dans les locaux cédés par ces corporations religieuses. C'est là que l'Ambulance du Midi installa son service médical. Quatre-vingt-deux militaires gravement atteints de dysenterie, d'affections de poitrine et d'accidents typhiques, y trouvèrent un asile et des soins [1].

---

[1] Pour cela, les dames françaises établies à Neufchâtel, les sœurs de la Providence et les frères des écoles rivalisèrent de zèle avec les personnes de l'Ambulance.

3

Arrivée à Neufchâtel le 2 février, notre seconde section en est repartie le 3 mars, ne laissant dans les salles qu'un petit nombre de malades, dont la plupart convalescents. Le Dr Cornetz (de Neufchâtel) a bien voulu se charger de les visiter jusqu'à leur entier rétablissement. Désireux, du reste, de me rendre compte par moi-même des travaux de cette section, et de lui venir en aide si besoin était, je me suis rendu à Neufchâtel peu de jours après mon retour de l'Isle, et y ai trouvé le nombre des malades fort réduit et l'Ambulance à la veille de son départ. Quelques membres dont le concours était devenu inutile, étaient déjà rentrés en France. Le départ de ceux qui restaient, au nombre de sept, était désormais parfaitement indiqué, attendu que les dépenses occasionnées par leur séjour à Neufchâtel commençaient à être hors de proportion avec les services qu'ils étaient appelés à rendre.

La division de l'Ambulance en deux sections avait donc produit les heureux résultats que j'en attendais, et réalisé mes prévisions en complétant le cercle de services que nous pouvions rendre à notre armée : soins aux blessés restés dans les lignes ennemies, d'une part, et soins aux malades ou blessés attachés à la marche de l'armée française, d'autre part.

RAPPORTS DE L'AMBULANCE AVEC LES COMITÉS FONDATEURS.

Pendant tout le temps qu'elle a fonctionné, l'Ambulance est restée en relation avec les deux Comités fondateurs, soit par la voie des correspondances, soit par l'intermédiaire des membres qu'un congé ramenait dans leurs familles, auprès du siége de l'un des deux Comités. D'un autre côté, les deux Comités n'ont cessé de témoigner à l'Ambulance le plus vif intérêt et la plus louable sollicitude. De fréquents envois nous ont été faits par eux et sont venus renouveler nos ressources de toute nature, qui s'épuisaient si rapidement. De Marseille nous sont parvenus deux envois que j'ai déjà mentionnés, dont l'un, reçu à Bellegarde, était accompagné par M. Maurin, et dont l'autre, confié à MM. Olive et Peyron, avait été reçu à Neufchâtel par la seconde section de l'Ambulance.

De Montpellier sont également arrivés plusieurs envois importants, dont l'un nous a été remis à Bellegarde. M. Planchon, revenant d'un court voyage à Montpellier, nous apporta à Bourges un certain nombre de ballots qui furent bientôt suivis de plusieurs autres, lesquels nous parvinrent à Villersexel. Enfin un envoi bien plus considérable que tous les précédents, constituant à lui seul le chargement complet d'un grand wagon de marchandises, nous était conduit à l'Isle-sur-le-Doubs par MM. de Billy, délégué régional, et Paul Cazalis de Fondouce, membre du Comité de Montpellier. Mais l'évacuation brusque et inattendue de la gare de Besançon, nécessitée par l'approche de l'ennemi, les séparèrent inopinément de ce wagon, qui n'a pu nous arriver en temps utile, malgré les efforts persévérants de nos deux amis.

Ces divers envois consistant en objets de pansement, de pharmacie, en provisions alimentaires, et surtout en vêtements de flanelle, étaient dus en partie au Comité montpelliérain lui-même, mais plus encore à l'Association protestante des dames de Montpellier, qui ont manifesté dans ces circonstances un zèle infatigable, et qui nous ont sans cesse offert et prêté leur concours. Je suis heureux de leur exprimer ici la profonde reconnaissance de l'Ambulance du Midi. Cette reconnaissance, empressons-nous de le dire, est également due aux dames de Marseille associées au Comité, qui ont très-largement contribué à réunir et à confectionner les provisions importantes d'objets de pansement et de vêtement que nous emportâmes avec nous de Marseille.

Tous ces secours nous ont été d'une utilité inappréciable. Grâce à eux, nous avons pu conserver aux pansements ces conditions de propreté indispensables pour la cure des plaies et le succès des opérations. Grâce à eux aussi, nous avons pu renvoyer tous les blessés qui avaient séjourné dans l'Ambulance, et bien d'autres que le défaut de place nous obligeait à évacuer directement, de les renvoyer, dis-je, pourvus de chemises, de chaussettes, de gilets de flanelle, de couvertures de laine, de cigares, de savon même et d'une petite provision d'aliments. Il nous a été ainsi possible de diminuer en quelque mesure les souffrances des victimes de la guerre ; et je ne suis que juste en faisant remonter la source de ce bien aux cœurs généreux qui, malgré les distances, nous ont permis de le faire, soit par leur libéralité, soit par leur active coopération.

RAPPORT SUR L'AMBULANCE DE LA GARE,

Par M. le vicomte **Amédée de GINESTOUS**, Vice-Président.

Le mardi 3 avril 1871 a eu lieu à l'ambulance de la Gare de Montpellier, et en présence de toutes les personnes qui avaient prêté leur concours à cette œuvre, une séance de fermeture de l'ambulance.

M. le vicomte Amédée de Ginestous, vice-président du Comité sectionnaire de Montpellier, a lu en séance le rapport suivant :

MESSIEURS,

Au moment où nous arrivons au terme de nos travaux, notre devoir est de vous rendre un compte exact des résultats obtenus et de l'emploi des fonds qui nous avaient été confiés.

Il est indispensable, avant tout, de bien préciser la pensée qui a présidé à la création de l'ambulance de passage de la Gare. La Société internationale de secours aux blessés militaires n'avait eu à s'occuper, dans l'origine, que des ambulances attachées aux divers corps d'armée, et des moyens de soulager la détresse des prisonniers internés en Allemagne. Un Comité spécial ayant été fondé à Montpellier, pour l'établissement d'ambulances fixes, votre Conseil avait dû penser qu'une ambulance de passage ou d'attente rentrait dans les attributions de ce Comité.

Mais il devint évident, au mois de décembre dernier, que cette commission restreignait son action au soulagement des malades envoyés en résidence fixe à Montpellier. De là résultait une lacune qu'il importait de combler. Déjà la rigueur de la saison s'accusait fortement, et des accidents graves étaient survenus, dus en grande partie aux longues heures d'attente qui s'écoulaient forcément entre l'arrivée des trains et la répartition des malades entre les diverses ambulances et le dépôt des convalescents.

Plusieurs Dames, s'étant émues déjà de cet état de choses , avaient formé entre elles une association pour fournir à ces malheureux soldats, épuisés par une route pénible, éprouvés par un froid rigoureux, des aliments chauds, propres à maintenir ou à ranimer leurs forces. Leur dévoûment ne pouvait néanmoins qu'atténuer le mal ; mais cette initiative, si honorable, nous indiquait la voie à suivre. C'est donc à leur zèle que revient, en réalité, la pensée première de la création de l'Ambulance de la Gare.

M. de Billy, délégué régional du Comité central de la Société pour nos contrées, conçut alors l'idée de l'établissement dans lequel vous êtes actuellement réunis. Il s'entendit avec M. le chef de gare de Montpellier, dont la bienveillance pour cette œuvre ne s'est jamais démentie, et qui voulut bien mettre un terrain à sa disposition. M. de Billy s'adressa ensuite au Comité sectionnaire de l'Hérault, et il fut convenu, d'un commun accord, qu'un bâtiment assez vaste pour contenir 25 lits et toutes les dépendances nécessaires, serait construit aux frais de la caisse centrale, tandis que le Comité sectionnaire de l'Hérault se chargerait de l'entretien, des gages des employés, des médicaments, de la nourriture, de la surveillance et de l'organisation du service.

Par suite de cet accord, ce bâtiment fut construit en moins de quinze jours, et le 8 janvier dernier en eut lieu l'ouverture.

Le service fut organisé de la manière suivante :

Deux membres commissaires étaient de garde pendant chaque vingt-quatre heures ; ils avaient sous leurs ordres deux infirmiers et deux personnes commises au soin de préparer les aliments ; ils étaient chargés de la surveillance générale, ayant seuls le droit d'ordonner les mesures à prendre et le devoir de parer à toutes les éventualités.

Sous la direction supérieure d'un professeur à la Faculté de médecine, deux élèves de l'École étaient aussi de service, à tour de rôle, pendant le

même espace de temps; ils devaient opérer tous les pansements nécessaires et veiller à tous les soins utiles aux malades.

Quatre docteurs en médecine avaient bien voulu promettre leur concours,
et venaient tour à tour visiter l'ambulance, à l'arrivée de chaque train.

Enfin, deux dames s'étaient chargées, pendant la journée, de diriger le
ménage, la lingerie, les soins de propreté.

Telle était l'organisation qui parut le plus propre à assurer un bon
fonctionnement.

Les services rendus par l'ambulance devinrent bientôt si évidents, que
l'intendance militaire jugea convenable d'y installer un agent spécial, avec
mission de vérifier les feuilles de route et d'opérer la répartition des
hommes suivant les indications fournies par les médecins du Comité
spécial.

C'est ainsi que nous avons pu offrir à un nombre considérable de blessés,
de malades ou de convalescents, un lieu d'asile bien chauffé, des lits de
repos en nombre suffisant, des aliments réconfortants, des moyens de
pansement ou de médicamentation nombreux et bien dirigés, des soins
enfin de toute nature, ainsi que divers objets de vêtement.

Grâce à ce lieu de refuge, on a eu le temps pour examiner avec atten-
tion l'état des malades, et bien souvent notre intervention officieuse a
réussi à faire entrer dans les hôpitaux des hommes désignés comme
convalescents, et dont néanmoins l'état réclamait impérieusement des
secours médicaux. Comme, le plus souvent, les trains de malades arrivaient pendant la nuit, quelquefois même sans avoir été signalés, il en
serait résulté, pour l'intendance militaire, de très-grandes difficultés pour
subvenir aux exigences du service, sans cet établissement dû à l'initiative
privée.

Pour nous, Messieurs, ces convois inattendus nous créaient de nouveaux
obstacles. Il fallait, avec un personnel restreint, avec un faible stock de
provisions, faire face à des exigences imprévues. Grâce au concours de
tous, nous pouvons affirmer que ce résultat a toujours été atteint.

L'ambulance offrait, en outre, aux militaires expédiés sur un lieu plus
éloigné, quelques instants de repos et les moyens de réparer leurs forces.

Depuis le 8 janvier jusqu'au 31 mars dernier, l'établissement a ouvert ses portes à 4,773 hommes, savoir :

En janvier, du 8 au 31.................... 1865
En février..... 1552
En mars................................ 1356
                                         ————
Total...................... 4773

Sur ce nombre, il y a eu relativement peu de blessés ; la plupart étaient atteints de maladies contagieuses ou d'affections diverses, suite inévitable de la rigueur de la saison et des fatigues éprouvées. De là, un nombre relativement faible de pansements, qui ne se sont élevés qu'au chiffre de 413.

Sans pouvoir entrer ici dans l'énumération fastidieuse des éléments du compte financier de cette œuvre (il reste annexé au présent Rapport), je dirai seulement que les recettes ayant été de 7,247 fr. 95 c., les dépenses ont été représentées par le chiffre de 5,993 fr. 85 c. ; l'excédant des recettes sur les dépenses est de 1,254 fr. 10 c.

Les recettes avaient les origines suivantes :

Apport du Comité central................. 3,500 fr.
   Id. du Comité sect. de Montpellier..... 2,000
Souscriptions diverses................... 1,070
Cotisation des dames.................... 325
Produit du tronc....................... 129   45 c.
Vente de divers objets inutiles.......... 223   50
                                        ————————
Total.................. 7,247 fr. 95 c.

Il faut ajouter au chiffre des recettes le don d'une quantité considérable d'objets divers et qu'il serait difficile d'apprécier d'une manière exacte.

Cet excédant de recettes pourra néanmoins être légèrement modifié, soit par suite d'un petit nombre de quotités non encore encaissées et de quelques autres recettes qu'amènera probablement la liquidation du mobilier, soit par un solde de quelques faibles dépenses que pourra entraîner une éventualité peu probable et dont nous parlerons plus loin. En tout cas, l'excédant sera versé dans la caisse du Comité sectionnaire de l'Hérault.

Nous devons toutefois vous faire remarquer, Messieurs, que dans le chiffre total des dépenses, une somme de 3,425 fr. 95 c. est affectée aux frais de premier établissement. Ces frais ont été supportés par le Comité central de notre Société. Il ne resterait donc, en réalité, qu'un chiffre de 2,597 fr. 90 c. à la charge spéciale de la section de Montpellier.

En mettant en présence le nombre d'hommes qui sont venus chercher repos et soulagement à l'ambulance, et les frais qui en ont été la suite, la dépense qui en résulte pour chaque homme a été de 1 fr. 02 c., en tenant compte du total général des frais avancés ; ce chiffre tombe à 0,53 c. 1/2 en se bornant au déboursé réel du Comité sectionnaire de l'Hérault, c'est-à-dire aux frais d'entretien, de nourriture, de médicaments, d'éclairage de chauffage, de gages du personnel payé. Ignorant dans l'origine combien de temps fonctionnerait notre ambulance, nous avons dû apporter à tous les services la plus stricte économie ; quelque minime néanmoins que soit relativement ce chiffre de dépenses, en présence surtout d'un imprévu qu'il n'était pas en notre pouvoir d'éviter, et qui nous obligeait fréquemment, soit à perdre des provisions en vue d'éventualités qui ne se réalisaient pas, soit à suppléer, à quelque prix que ce fût, à une insuffisance qu'aucun avis ne nous avait fait soupçonner, l'ambulance de la Gare de Montpellier a pu néanmoins faire face à toutes les exigences, et aucune plainte n'a jamais été soulevée.

RAPPORT DE M. P. CAZALIS DE FONDOUCE

Secrétaire de la Commission de Secours aux Prisonniers.

I FONDATION DE L'ŒUVRE. — GRANDEUR DES BESOINS.

L'Agence internationale de Bâle [1], bien qu'ayant pour but spécial les secours aux blessés, joignit à cette œuvre, dès le début des hostilités, celle des secours aux prisonniers de guerre, et se constitua l'intermédiaire entre la France et ses soldats captifs. Lorsque, à la fin du mois d'octobre, la reddition de Metz eut porté à 300,000 environ le nombre de ceux-ci, l'Agence sentit que cette tâche deviendrait trop lourde pour elle et qu'elle ne pourrait l'accomplir qu'au détriment de son œuvre primitive. D'ailleurs la mauvaise saison approchait, et avec elle des besoins nouveaux et plus grands allaient se faire sentir. Elle résolut donc de se décharger de cette œuvre sur un Comité spécial, fonctionnant à côté d'elle, mais d'une façon indépendante, sous l'emblème de la croix verte. Ce Comité notifia sa création par une circulaire du 22 novembre. Mais déjà, dès le 31 octobre, un de ses membres, qui fut depuis son président, le Dr Christ-Socin, avait adressé aux provinces non occupées de la France un appel pressant et chaleureux qu'ont reproduit tous les journaux. Il faisait connaître toute l'étendue des souffrances de nos prisonniers et l'urgence de réunir immédiatement des secours.

Nous n'avons pas besoin de rappeler ici toutes les misères qui ont accablé pendant leur captivité nos malheureux soldats; nous devons dire pourtant que la plus grande partie a dû encore être dissimulée, pour ne pas attirer

---

[1] La Société internationale de secours aux blessés militaires a, en Suisse, son Comité central à Genève. Pendant toute la durée de la guerre elle a été représentée à Bâle par une Agence qui a été le principal centre des relations internationales.

4

sur eux de nouvelles rigueurs. Elles nous étaient dévoilées par des lettres confidentielles et vraiment navrantes, que nous adressait le Comité de Bâle en nous recommandant de ne les point livrer à la publicité, de crainte de voir ses efforts paralysés par le mécontentement des commandants de dépôts, à la bonne volonté desquels étaient subordonnés ses rapports avec les prisonniers.

« Dans l'Allemagne du Nord, nous écrivait-on, il y a des camps de 25 à 30 mille hommes. Les tentes y sont pleines de malades ; leurs lits dans la boue, les courants d'air les ventilent; la neige et la pluie changeant les toiles en véritables gouttières..... les fluxions de poitrine et d'autres maladies déciment chaque jour ces malheureux. Le camp étant en dehors de la ville, on ne s'occupe pas efficacement d'une si grande et si profonde misère. Sous une tente je rencontrai un jeune professeur de philosophie, engagé volontaire, qui se mourait de froid, sous une couverture trempée par la pluie. Ces cas sont ici par milliers ; ceux qui sont encore en santé ne tarderont à être atteints..... Pas de gaspillage dans la charité, pas de douceurs toutes les ressources en bas, flanelles, chemises, tricots.....

» Le découragement des prisonniers est très-grand ; ils ont peu de lectures, ils ne sont pour la plupart pas employés; leur oisiveté s'ajoutant à la nostalgie, ils deviennent de plus en plus vicieux..... L'arrivée des prisonniers venus de Metz nous a offert un spectacle navrant : beaucoup se traînaient à peine, ils avaient l'aspect de cadavres sortant d'un tombeau..... Les aliments ne manquent pas, il faut des vêtements chauds.

» A Mayence, les prisonniers sont au nombre de 25 mille environ, dont 10 mille dans le camp. Ces derniers sont sous des tentes en toile avec de la paille sur le sol ; il y a quelques baraques. Ils grelottent de froid, sont presque tous sans bas, et leurs souliers sont je ne sais quoi d'informe : de la boue durcie ayant la forme du pied. Il y a 700 malades au lazaret.... A heures déterminées, de grands chariots apportent de la soupe ; un homme perché sur le chariot puise la soupe et en remplit de petits baquets; chacun de ces baquets est pour une tente. La portion de chaque homme est une demi-gamelle et un gros morceau de pain. Il reçoit en outre une tasse de café noir le matin et le soir. »

«Les prisonniers sont nourris comme les soldats allemands, dit une autre correspondance ; le pain est fait exprès pour eux et moins noir. Les chambres sont chauffées à 15 degrés. La grande misère vient de l'usure de leurs vêtements et de la rigueur du climat ; mal vêtus, ils ne peuvent pas sortir, et cette agglomération d'hommes privés d'air extérieur amène beaucoup de maladies et une grande mortalité. »

C'est sous l'impression de ces renseignements si navrants que notre Comité répondit à l'appel philanthropique et pressant de celui de Bâle, en décidant qu'une Commission prise dans son sein s'occuperait spécialement de l'œuvre des *Secours aux prisonniers*, et que, comme celle-ci était en dehors de son programme primitif, la Commission aurait son budget et sa comptabilité séparés. En même temps, et pour attendre que la générosité du public eût répondu à son appel, il fut mis à sa disposition une première somme de 1,000 francs, à laquelle a été plus tard ajoutée une nouvelle somme de 2,700 francs.

Les divers Comités sectionnaires français de la Société de secours aux blessés militaires, entrant dans les vues charitables de celui de Bâle, se sont comme nous empressés de joindre leurs efforts aux siens, et le Comité central, qui siégeait alors à Tours, a même, dans l'intérêt de l'œuvre commune, accrédité un délégué[1] auprès de lui.

C'est ainsi qu'ont été jetées par la Suisse, « sans aucune arrière-pensée d'opinion ni de tendance, mais dans le seul sentiment des devoirs qu'imposent à tous l'humanité et la charité chrétienne », les premières bases de l'œuvre des *Secours pour les prisonniers français*. Notre pays, dont les témoignages de la sympathie trouvent toujours le cœur ouvert à la reconnaissance, vient, dans une déclaration solennelle[2], d'exprimer à la Confédération helvétique son éternelle gratitude pour l'empressement qu'elle a mis à être le trait d'union entre nous et nos malheureux prisonniers, et pour la généreuse hospitalité qu'elle a prodiguée aux débris de notre armée de l'Est, victime du froid et de la faim.

---

[1] M. Frédéric Monnier, chevalier de la Légion d'honneur, ancien maître des requêtes au Conseil d'État.

[2] Assemblée nationale, séance du 3 mars 1871.

II. Comités correspondants. — Distribution des secours.

Dès sa formation, notre Commission a donc été en correspondance avec le Comité de Bâle, avec lequel elle se trouvait naturellement liée, comme émanant l'un et l'autre de la Société internationale de secours, et qui, par son caractère international et son origine, qui le liait aussi aux Comités Allemands, offrait, pour la distribution des secours, des facilités et des garanties que ne pouvaient offrir au même degré les Comités spéciaux qui se sont établis depuis à Genève et ailleurs. Parmi ces derniers, il en est un toutefois qui mérite une mention spéciale : c'est celui de Vienne (Autriche), également Comité sectionnaire de la Société internationale, que sa position sur la frontière sud-est de l'Allemagne a rendu l'intermédiaire le plus facile et le plus sûr pour les relations avec cette région. Il est devenu en quelque sorte le principal agent pour les dépôts de Neisse, Glogau, Dresde, Kustrin, etc..., tandis que celui de Bâle étendait sa sphère d'activité sur le reste de l'Allemagne. Avant de lui exposer les opérations de notre Commission, nous croyons devoir faire connaître au public les Comités avec lesquels nous avons correspondu et que nous avons choisis pour être les dispensateurs de ses dons.

Comité de Bâle. — Dès le début, le Comité de Bâle a adressé une circulaire aux commandants de dépôts de prisonniers en Allemagne, les priant de faire connaître les besoins de leur localité et de désigner une personne de confiance pour la répartition des secours. En outre, il a envoyé des délégués visiter les différents dépôts. C'est de leur correspondance que sont extraits les passages que nous avons reproduits plus haut, contenant des détails si émouvants. Leur tâche a consisté à se mettre en rapport avec les commandants de place, à nouer des relations avec les aumôniers et autres personnes notables ayant l'aptitude et le désir de seconder dans chaque localité l'œuvre du Comité, et pouvant donner par leur contrôle l'assurance que les dons arriveraient à destination. C'est ainsi que le Comité est parvenu à créer des correspondants dans tous les dépôts. Généralement ces correspondants sont des aumôniers ou des officiers, prisonniers eux-mêmes, qui se sont constitués en commissions : à Rastadt, sous la présidence du colonel du Petit-Thouars; à Mayence, sous celle du colonel de Salignac-Fénelon, etc..... Ce sont aussi des particuliers qui sont devenus les collaborateurs du Comité : nous citerons dans cette catégorie Mme la maréchale de Mac-Mahon, à Mayence. Quelques commandants de dépôts, qui se distinguaient de la masse par leur complaisance ou leur courtoisie, ont correspondu directement avec le Comité. Celui-ci exigeait un accusé de réception de tous les ballots de vêtements qu'il faisait distribuer par ses correspondants. Cet accusé de réception est le plus souvent une feuille qui est émargée par les sous-officiers chargés de la distribution dans les escouades.

Des arrêtés du Ministre des finances de Prusse et du grand-duché de Bade, des 21 et 27 décembre, ont autorisé l'entrée en franchise des dons envoyés de l'étranger aux prisonniers de guerre français.

Non-seulement le Comité de Bâle est allé porter des secours dans les dépôts de prisonniers, mais il a cherché aussi à atteindre ceux-ci le plus près possible de leur point de départ. Ils étaient transportés par masse, mal vêtus, debout dans des waggons ouverts. Les froids du mois de décembre les éprouvaient tellement, que les personnes qui les voyaient passer dans les stations en faisaient la peinture la plus émouvante. Le Comité, désireux de soulager autant et aussitôt que possible ces malheureux, établit d'abord un dépôt de vêtements à Nancy, puis à Mulhouse, à Mayence et à Coblentz, pour les convois de passage.

Il a expédié jusqu'au 20 mars, date de la clôture de ses opérations, 237,442 pièces de vêtements, plus des livres, des cigares, du tabac, et 9,187 paquets munis d'adresses particulières. Il avait, jusqu'à cette époque, reçu la somme de 412,113 fr. 30 c., et employé une somme de 403,309 fr. 85 c.

Comité de Vienne. — Constitué depuis le mois d'août pour réunir des secours pour les blessés français, ce Comité a malheureusement vu bientôt, comme tous les autres, un nouveau champ s'ouvrir devant son activité. Il s'est tout d'abord mis spécialement en rapport avec quinze dépôts de l'Allemagne orientale (Berlin, Passau, Landshutt, Ingolstadt, Neubourg, Mersebourg, Leipzig, Dresde, Kustrin, Cottbus, Stéttin, Kœnigsberg, Glogau, Breslau et Neisse), et a fait converger les ressources qu'il réunissait vers le soulagement des prisonniers de ces localités. Il a reçu jusqu'au 31 mars une somme de 365,000 fr. environ, qui a été employée à cet usage, et a envoyé dans ces localités jusqu'à la même époque 141,671 pièces de vêtements, achetées ou fabriquées par ses soins, dont la valeur a été fixée par le Comité lui-même (en calculant le florin à 2 fr.) à 222,457 fr. 45 c.

Agence centrale de Genève. — Lorsqu'un dernier malheur voulut que l'armée de l'Est, accablée par la faim et le froid d'une saison rigoureuse, fût obligée de chercher un refuge sur le territoire suisse, les services organisés pour répandre les secours destinés aux prisonniers se trouvèrent insuffisants. C'est dans ces circonstances que le Comité international de secours aux blessés, de Genève, créa dans cette ville une *Agence centrale de secours pour les militaires internés en Suisse*. Autant la position de Bâle à l'extrémité nord de la Suisse, sur la frontière allemande, était favorable pour concentrer les secours destinés à l'Allemagne, autant, pour nous du moins, elle était défavorable pour les secours destinés à la Suisse. Nous entrâmes donc immédiatement en relations avec l'Agence de Genève, et c'est à elle que nous avons adressé tout ce que nous destinions aux militaires internés en Suisse.

III. ENVOIS DE PAQUETS PARTICULIERS.

Dès le début de leur œuvre, les divers Comités se sont préoccupés, non-seulement de distribuer des secours, mais encore de faciliter aux familles les moyens de faire parvenir directement aux leurs des paquets qui, en même temps qu'un secours matériel, étaient aussi un témoignage d'affectueuse sollicitude et un souvenir des absents. Notre Commission a attaché un grand prix à cette partie de son œuvre, qui puisait, dans les sentiments auxquels elle devait répondre, une haute valeur morale. Les Comités de Bâle et de Vienne ont établi pour cela un service spécial et complètement gratuit.

L'auteur de ce Rapport, délégué de notre Comité, a pu se rendre compte par lui-même, dans une visite qu'il a faite à Bâle pendant la durée de la guerre, de la complexité de cette partie de l'œuvre. Bien qu'ayant supprimé les droits de douane pour les objets destinés aux prisonniers, le gouvernement allemand a exigé que les formalités en fussent régulièrement remplies, afin que l'affranchissement n'en soit définitivement prononcé que lorsque le commandant du dépôt auquel ils sont adressés certifie que ces objets ont été réellement distribués à des prisonniers. Comme les droits sont différents pour les étoffes de laine ou de coton, et différents encore suivant que l'on a affaire à des objets tissés ou tricotés, cette exigence du gouvernement allemand a nécessité dans les magasins des Comités de Bâle ou de Vienne une manipulation des plus compliquées. Chaque paquet doit être défait, chaque catégorie d'objets pesée séparément pour être portée en détail sur la déclaration de douane. Les paquets refaits sont ensuite réunis par destination et disposés en balles de 100 livres dont le transport est confié à la poste allemande. Les longueurs entraînées par ces manipulations étaient telles qu'à la fin de janvier, sur 8 600 paquets particuliers qui avaient été remis au Comité de Bâle, 6 500 seulement avaient pu être réexpédiés par lui.

En même temps des tentatives d'insurrection survenues, disait-on, parmi les prisonniers, servirent de prétexte à une dislocation colossale dans le personnel des dépôts. 8 000 prisonniers furent transférés de Mayence dans le nord et la Saxe, 10 000 de Cologne à Kœnigstein ; enfin plus de 150 000 hommes furent changés de lieu d'internement à la fin de janvier. Débordés par le travail que leur imposaient les formalités de la douane allemande, effrayés de la confusion qui allait résulter de ces changements de résidence et de l'impossibilité de faire suivre aux paquets la nouvelle direction du destinataire, les Comités de Bâle et de Vienne renoncèrent à cette branche de l'œuvre, et nous avons dû, bien qu'à notre grand regret, en faire de même. Un avis inséré dans les journaux en a prévenu les familles ; nous les avons invitées à venir retirer les paquets que nous n'avions pas encore pu expédier. Quant à ceux qui n'auraient pu être remis à leur destination, par suite des changements de résidence, nous avons pris nos mesures pour qu'ils nous soient autant que possible réexpédiés par nos Comités correspondants, à mesure que la poste allemande leur en aura fait le retour[1].

---

[1] Deux ballots contenant 66 de ces envois particuliers, adressés au Comité de Vienne, s'étant

Les difficultés qui ont dû nous faire renoncer à cette branche si intéressante de notre œuvre, nous empêchent de garantir la remise des paquets. La plus grande partie est pourtant parvenue à destination, mais dans presque tous il manquait une ou deux pièces. Ils passent en effet forcément entre les mains des gardiens allemands. qui les ouvrent, déplient tout, et gardent le plus souvent les objets qui leur plaisent ou ont une valeur quelconque.

C'est le 27 janvier que nous avons fait notre dernier envoi de paquets particuliers. Nous en avions alors expédié 150 provenant de dons et 402 provenant des familles, en tout 552. Chaque paquet contenait en moyenne 8 pièces de vêtements. Ces envois représentent donc pour la première catégorie 1,200 pièces, pour la seconde 3,216. soit en tout 4,416 pièces.

IV. Envois de vins et de comestibles.

Dans sa première circulaire, le Comité de Bâle exprimait le désir de pouvoir distribuer du vin aux prisonniers. Cette liqueur réconfortante lui paraissait propre à les aider à supporter les froids d'un climat plus rigoureux que celui de leur pays natal. Répondant à cet appel, le délégué régional de la Société centrale, M. de Billy, en a expédié 318 hectolitres dans les mois de novembre et de décembre[1]. Notre Commission hésita d'abord, et se refusa finalement à favoriser les envois de vins et de comestibles. Les sommes considérables que devaient coûter au Comité les frais de transport et de droit d'entrée lui parurent devoir être plus utilement employées en achats de vêtements. Elle était poussée dans cette voie par tous les rapports qui lui arrivaient sur l'état et les besoins de nos prisonniers[2].

Les faits vinrent bientôt lui donner raison. Les commandants de place

---

égarés, ce Comité a fait distribuer en compensation, aux prisonniers du département de l'Hérault internés dans les lieux de destination de ces paquets, des sommes variant de 5 à 20 francs, selon leurs besoins.

[1] Ces vins étaient donnés par MM. Bazille et Leenhardt, de Montpellier, 1 169 lit.; la ville de Lunel, 5 940 lit.; le cercle de Mèze, 14 550 lit., la ville de Nîmes, 10 204 lit. plus 226 lit. d'eau-de-vie.

[2] Voir les Correspondances publiées par extrait au commencement de ce Rapport.

n'admettaient pas les comestibles et refusaient également de recevoir le vin, sauf pour les malades et les convalescents, disant que cela concerne le ménage militaire et que celui-ci ne souffre pas d'exception ni de changements.

Dans les derniers temps, la Société d'Agriculture de l'Hérault a envoyé, par notre intermédiaire, une certaine quantité de vins à Genève, pour les internés en Suisse qui étaient dans les hôpitaux et les ambulances.

V. Envois de vêtements.

Dès le début de ses opérations, notre Commission s'est trouvée en présence de la question de savoir comment seraient employés les fonds qui lui étaient confiés. Les Comités avec lesquels nous étions en relation demandaient surtout de l'argent, alléguant que l'on pouvait acheter en Suisse ou en Allemagne à de meilleures conditions qu'en France; qu'en procédant ainsi on supprimait les frais de transport, et que le nombre de vêtements achetés s'en trouvait accru; enfin la répartition par les délégués était plus facile puisqu'ils ne s'approvisionnaient de vêtements que dans les villes mêmes où ils devaient les distribuer. Après s'être assurée que, grâce aux fabriques de tricots de coton et de laine qui existent dans les Cévennes, et aux fabriques de drap qui sont si répandues dans notre département, les objets qu'elle achetait pouvaient avantageusement supporter les frais de transport, et même de douane, pour l'Allemagne, la Commission n'a pas hésité à considérer comme son devoir d'employer ses ressources pécuniaires ici même et d'envoyer ses offrandes en nature. Elle y voyait l'avantage de laisser l'argent dans le pays, au lieu de l'envoyer dans un pays ennemi, et de faire profiter du bénéfice de la fabrication les ouvriers de la localité. Ce n'est qu'à la fin, et pour les internés en Suisse principalement, qu'elle s'est départie de cette règle; car alors il fallait surtout faire vite, supprimer à la fois les délais de la fabrication, ceux du transport et ceux des manipulations en magasin.

La Commission a donc composé ses envois des dons en nature qu'elle a reçus, des objets qu'elle a achetés et de ceux qu'elle a fait fabriquer. On trouvera à la suite de ce Rapport la liste des dons en nature et celle des objets achetés.

Dès notre fondation, l'administration du Bureau de bienfaisance de Montpellier, désirant s'associer autant qu'il dépendait de lui à notre œuvre charitable, mit gratuitement à notre disposition les ateliers de couture de la Miséricorde, où se trouvent plusieurs machines, ainsi qu'un nombreux personnel fourni par l'Orphelinat de l'ouvroir. Cette offre fut acceptée avec reconnaissance, et, pour en tirer convenablement parti, la Commission adressa une circulaire aux directeurs de toutes les fabriques de drap du département, leur demandant de disposer de quelques pièces d'étoffe en sa faveur.

Cet appel a été largement entendu, ainsi que l'on peut s'en convaincre en parcourant la liste des dons qu'elle a reçus, et nous avons pu, grâce au zèle des Dames de la Miséricorde, ainsi qu'à celui des Dames de la Providence et de l'association des Dames protestantes de Lunel, qui ont bien voulu nous prêter aussi leur concours, faire confectionner un grand nombre de vêtements de drap et de molleton, qui n'ont rien coûté à notre caisse. Plusieurs Dames de Montpellier nous sont également venues en aide pour convertir en chaussettes et en cache-nez de la laine qui nous avait été donnée. Que tous ces collaborateurs volontaires et zélés veuillent bien trouver ici les marques de notre gratitude !

VI. Envois et distributions d'argent.

Les dons en vêtements ont tellement afflué et leur distribution aux prisonniers a de suite pris un tel développement, qu'à la fin de janvier notre correspondant de Vienne nous écrivait : « Dans un très-court délai, il n'y aura plus de besoins pressants. Pour une bonne partie de l'Allemagne je puis à peu près garantir le fait. J'ai sous les yeux des lettres de plusieurs dépôts très-considérables, où l'on nous dit de ne plus envoyer de vêtements. » Notre délégué, qui se trouvait à Bâle à la même époque, nous en rapportait les mêmes impressions; seulement on s'y préoccupait d'alimenter les dépôts établis sur le passage des convois, en prévision des événements qui se préparaient à Paris et dans l'Est.

Dans ces circonstances, on nous demandait d'envoyer des secours en argent aux prisonniers. «Ce qu'il faut aux soldats, qui ne reçoivent absolument aucune solde, nous écrivait le même correspondant, c'est un peu d'argent, un peu de tabac; 2 ou 3 fr. valent bien mieux pour lui que des effets dont il ne sait que faire et qu'il *vend pour rien* à des brocanteurs..... Que les familles cessent d'envoyer des effets qui ne représentent pas pour leurs enfants le *dixième* des avantages que leur offriraient l'envoi de la même valeur en argent. Les Comités distribuent à profusion des effets.... et il est certain que les neuf dixièmes des prisonniers auxquels on remettra des paquets particuliers, étant déjà pourvus par les Comités, regretteront de n'avoir pas à la place une petite somme d'argent représentant la moitié du prix du paquet.»

Malgré ces appels, notre Commission s'est abstenue, par principe, de consacrer une partie de l'argent qui lui était confié à des distributions aux prisonniers, tout en reconnaissant qu'il en est plus d'un pour lequel un envoi de cette nature serait un bienfait. Mais, en général, ces distributions ne sauraient être faites qu'au hasard, ce qui les rend inopportunes, et la plupart des commandants les interdisaient pour motifs disciplinaires.

Toutefois, tout en s'abstenant pour son propre compte, la Commission a poussé les familles, autant qu'il a dépendu d'elle, dans la voie des envois personnels d'argent, les engageant à substituer complètement ce mode de secours à celui des envois de petits paquets.

L'Agence internationale de Bâle avait créé dans son bureau d'informations, avant la constitution du Comité pour les prisonniers, un service pour les envois personnels de secours pécuniaires, et ce service a depuis continué à relever d'elle. Nous avons cru devoir en faire autant à Montpellier, à cause de l'importance et de la complexité de cette œuvre, et M. de Billy, délégué régional de la Société, a conservé dans ses attributions ce service, qu'il avait organisé chez nous avant l'établissement de notre Commission. Bien que relevant ainsi d'une branche spéciale de la Société Internationale de secours, cette partie de l'œuvre des prisonniers se rattache trop intimement à la nôtre pour que nous l'en séparions dans ce Rapport. On apprendra certainement avec intérêt qu'il a été envoyé par M. de Billy, de la part des parents ou des amis, à la date du 11 mars, époque où a cessé ce service, une somme de 42,248 fr. 60 c. à 1 950 prisonniers. Ces envois se répartissent de la manière suivante : 1,814 au-dessous de 50 fr., 79 de 50 fr. à 100 fr., 53 de 100 fr. et au-dessus. Cela fait une moyenne générale, pour chaque envoi, de 21 fr. 66 c.; et en tenant compte seulement des envois au-dessous de 100 fr., de 16 fr. 22 c. Ces chiffres suffisent pour donner une idée de la complexité et de l'intérêt de cette œuvre, qui s'adressait surtout à cette classe intéressante à laquelle la modicité de ses ressources et de ses envois ne permettait pas d'user de l'intermédiaire des banquiers. Ce service a été fait, en considération de sa clientèle principale, d'une manière toute gratuite. Les sommes qui, par suite d'adresses mal données ou de dépôt trop tardif, n'ont pu parvenir à destination, reviennent au bureau et sont restituées aux familles.

VII. Secours aux soldats internés en Suisse.

Les troupes de l'armée de l'Est, qui durent franchir la frontière suisse dans les premiers jours de février, avaient tellement souffert du froid et de la faim, pendant une campagne de plusieurs semaines dans un pays couvert de neige, qu'elles arrivèrent sur le territoire neutre dans le plus grand dénuement et la plus extrême misère. Nous avons déjà dit comment se constitua alors l'*Agence centrale de Genève*. La France ne voulut pas laisser à la sympathique charité des populations suisses toute la charge des secours qui furent prodigués à ses soldats. De tous côtés les dons affluèrent. Pour notre part, nous avons fait deux envois de vêtements, et, grâce aux dons que nous avons reçus, nous avons pu mettre à la disposition de l'Agence de Genève une somme de plus de 14,500 fr. De son côté, M. le Délégué régional a envoyé pour la même destination une somme de 5,000 fr.

La Commission saisit avec empressement cette occasion d'exprimer sa gratitude aux Dames de Montpellier qui ont bien voulu se charger de parcourir les divers quartiers de la ville pour recueillir les offrandes de nos concitoyens. Cette quête a produit une somme de plus de 11,000 fr., à laquelle le Comité de secours pour les soldats du département a ajouté un don de 2,000 fr. L'accueil fait aux Dames quêteuses a montré combien le sentiment qui les dirigeait était généralement apprécié.

RECETTES

Liste des Dons en Argent.

N. B. — Les dons sans indications spéciales se rapportent à Montpellier.

1870. 1er Décembre. — M. Rivet de Sabatier (Quissac) : 100 fr. — M. Fonssagrives, professeur à la Faculté de médecine : 100 fr. — M. A. Boucherie, professeur au Lycée : 5 fr.

2 Décembre. — M. Salomon : 10 fr. — M. Roques (Antonin), sous-lieutenant de la 4e compagnie des mobilisés : 50 fr. — M. Roques (Hippolyte) : 50 fr.

3 Décembre. — M. A. Boucherie, professeur au Lycée : 5 fr. 50 c. — M. Ch Martins, professeur à la Faculté de médecine : 20 fr. — Anonyme : 10 fr. — Anonyme : 10 fr. — Reçu de M. le Trésorier du Comité, suivant le vote de l'Assemblée générale : 1,000 fr.

5 Décembre. — M. de Cadolle : 10 fr. — M. le pasteur Corbière : 20 fr. — M. Louvrier (Jean) 5 fr. — M. Louvrier (Étienne) : 3 fr.

6 Décembre. — Mme Hérail : 10 fr. — Mme Leber : 10 fr. — M. Jullian, directeur de l'École normale : 15 fr. — Mme Henri Cazalis : 50 fr. — Mme de Froment : 10 fr. — M. Prosper Bérard : 50 fr. — M. Fernand Anduze : 20 fr. — Mme la baronne de la Barthe : 5 fr.

7 Décembre. — M. le colonel Crassous : 50 fr. — Mme la vicomtesse de Bornier : 25 fr. — M. Frédéric Coste (Béziers) : 10 fr. — Mlles Sauvadet : 3 fr. — M. Cazalis, notaire à Lansargues : 10 fr. — M. Émilien Granier, inspecteur des eaux et forêts : 15 fr. — M. Chaperon : 5 fr.

8 Décembre. — Les élèves de l'école de la Trinité (Béziers) : 100 fr. — Anonyme (Valleraugue) : 10 fr. — Anonyme (Valleraugue) : 17 fr. — Anonyme : 700 fr. — Mme Léonce Correnson : 10 fr. — M. d'Alzon : 20 fr. — M. Ducel : 20 fr.

9 Décembre. — M. le Curé de Villeneuve-les-Maguelone : 5 fr. — Mlle Bourrely, id : 5 fr. — Mme André Jullian, id : 5 fr. — Mme Bergagnon, id : 5. fr. — Mme X, id : 5 fr. — 2 anonymes, id : 2 fr. — M. le curé d'Aniane : 50 fr.

10 Décembre. — M. et Mme Franc Courtois (Toulouse) : 1,000 fr. — M. Aubaret, 20 fr. — M. Jules Gervais : 30 fr.

12 Décembre. — Produit d'une quête dans l'Église protestante de Cazilhac, par M. le Pasteur Rodet : 85 fr., 50 c. — M. l'abbé Tarroux, chanoine honoraire : 138 fr. — Anonyme : 5 fr. — M. l'abbé Bonniol, chanoine : 30 fr. — M. le docteur Émile Bertin : 20 fr. — M. Audoque de Sérièges (Béziers) : 50 fr. — Mme Vve Sarrus : 500 fr. — M. de Paul : 50 fr. — La Société des médaillés de Sainte-Hélène : 100. fr. — M. A. Chabert : 100 fr. — Le Comité pour la défense de la liberté commerciale : 711 fr.

13 Décembre. — M. le baron de Calvière : 50 fr. — MM. Calvet fils et Bérard (Lodève) : 100 fr. — M. Marius Vellas : 5 fr. — M. le vicomte L. de Pégueirolles : 20 fr. — Mlle de Pégueirolles : 10.

14 Décembre. — M. Pierre Fonvieille (Poilhès) : 25 fr. — Mme veuve Fonvieille, id : 10 fr. — Mme veuve Bousquet, id : 20 fr. — M. L. Mailhac, id : 40 fr. — M. Couderc, id : 20 fr. M. — André Fonvieille, id : 5 fr. — Mlle Victorine Daraux, id : 2 fr. — M. E. Fonvieille, id : 20 fr. — M. l'abbé V. Vernières, Curé, id : 2 fr. — M. Victor Garbisson, id : 1 fr. — M. J.-B. Laurens, conservateur du Musée-Fabre : 10 fr. — M. le Curé de Pinet, pour la paroisse : 118 fr. 40 c. — M. le Curé de Fontès, id : 90 fr.

15 Décembre. — M. Lucien Vitalis (Lodève) : 100 fr. — M. Léon Vitalis (Lodève) : 100 fr. — M. le Dr Eugène Bertin : 10 fr. — MM. Roques frères, 2me don, une médaille en or, vendue : 80 fr. — Mlle Vernier : 20 fr.

16 Décembre. — M. P. Cazalis de Fondouce : 50 fr. — M. Louis Tissié : 200 fr — M. A.... : 5 fr. — M. Ernest Blouquier : 20 fr.

17 Décembre. — M. le Curé de Ganges, pour la paroisse : 100 fr. — Le Comité de Saint-Gilles (Gard), par M. le Pasteur Ducros : 50 fr. — Le même, pour un prisonnier désigné : 15 fr.

19 Décembre. — M. le Curé d'Azillanet : 5 fr. — M. Fabre (Azillanet) : 20 fr. — M. Chavernac, id : 10 fr. — M. Bertrand, id : 10 fr. — Le Couvent d'Azillanet : 5 fr. — M. l'abbé Peyret, Curé à Saint-Martin-de-l'Arçon : 20 fr. — M. le vicomte Ph. d'Adhémar : 200 fr. — Partie d'une souscription dans la commune d'Octon : 12 fr. 25 c. — M. Jeanjean, prés. de la Com. mun. de Saint-Pons-de-Mauchiens : 40 fr. 25 c. — M. Ch. de Saizieu : 50 fr. — Mme Granier : 25 fr.

20 Décembre. — M. Ch. de Tourtoulon : 50 fr.

21 Décembre. — M. Ch. de Billy, délégué régional : 112 fr. 50 c. — M. l'abbé L. Vinas, Curé de Jonquières : 20 fr.

22 Décembre. — Mme veuve Bonnaric : 160 fr. — MM. les Membres de la Commission municipale de Montpellier : 70 fr. — M. Émile Castelnau-Rabaut : 50 fr.

23 Décembre. — M. le Curé de Cébazan, pour sa paroisse : 41 fr. — Anonyme de Pau, par Mgr l'Evêque : 20 fr. — M. Philippe Cairel : 25 fr.

24 Décembre. — M. le vicomte L. de Pégueirolles, 2me don : 20 fr. — M. l'abbé Bousquet : 40 fr.

26 Décembre. — Mme Ch. Sans : 10 fr. — M. Ch. Martins : 20 fr.

28 Décembre. — MM. les Membres du Cercle du Commerce : 250 fr.

29 Décembre. — Mme la baronne d'Albenas : 50 fr.

30 Décembre. — Quelques Membres de l'Église protestante de Pignan, par M. le Pasteur Dizier : 160 fr. — M. Delpech, substitut à Prades (Pyr.-Or.) : 10 fr. — Par le même : M. Batlle (Alexis), juge de paix (commune de Vinça, Pyr.-Or.) : 10 fr. — M. Paret (Joseph), négociant, id. : 5 fr. — M. de Massia (Jean), propr., id. : 50 fr. — Mme Julie Pons, id. : 2 fr. — M. Joseph Vergés, propr., id. : 5 fr. — M. François Alart, propr., id. : 3 fr. — M. M.-J. Vergés, propr., id. : 2 fr. — M. Aug. Brès, notaire, id. : 3 fr. — M. Hipp. Pacull, médecin, id. : 3 fr. — M. Pierre Alart, nég., id. : 5 fr. — M. Constant Batlle, propr., id. : 1 fr. — M. G. Vergés, propr., id. : 5 fr. — M. J. Sirven, percepteur, id. : 5 fr. — M. E. Mas, instituteur, id. : 3 fr. — M. J. Pélissier, propr., id. : 5 fr. M. Aug. Lazerme, propr., id. : 10 fr. — M. R. Moulins, propr., id. : 10 fr. — M. J. Patau, chef de bat. en retraite, id. : 5 fr. — M. J. Salvo, greffier, id. : 5 fr. — M. F. Salvo, notaire, id. : 3 fr. — M. J. Batlle, pharm., id. : 1 fr. — M. A. Lafon, propr., id. : 5 fr. — M. J. Taix, soldat blessé, id. : 50 c. — M. Ét. Fabre, soldat blessé, id. : 50 c. — M. Lafon-Serre, propr., id. : 1 fr. — Mme Thérèse Escaro, nég., id. : 2 fr. — Mme Gracia Maury, nég., id. : 1 fr. — Mme Marie Delcamp, nég., id. : 50 c. — Mme Thérèse Durand, nég., id. : 1 fr. — Mme veuve Boixo, née de Caudy, propr., id. : 10 fr. — M. B. Colomer, propr., id. : 5 fr. — M. Galienne, pasteur méthodiste au Vigan, moitié du produit d'un arbre de Noël : 12 fr. 50 c. — M. Delon : 50 fr. — M. Ernest Delon, inspect. aux chem. de fer du Midi : 25 fr.

31 Décembre. — Quelques personnes d'Aumessas (Gard), par M. N. Bertrand : 80 fr. — M. Frédéric Fabrége : 50 fr. — Anonyme : 20 fr. — Produit du tronc pendant le mois de décembre : 106 fr. 20 c.

1871. 2 Janvier. — M. Paul Castelnau : 50 fr. — M. le baron de Calvière (2me don): 20 fr. — Mme Westphal-Castelnau mère : 25 fr. — M. A. Westphal-Castelnau : 25 fr. — La Société des sous-officiers de Saint-Maurice : 100 fr.

3 Janvier. — M. Poujol, agent voyer : 10 fr. — MM. les Membres du Tribunal civil de Milhau (Aveyron) : 200 fr.

4 Janvier. — Mlles Max. de la Baume : 20 fr. — Anonyme : 50 fr. — M. Chabert

(2me versement) : 50 fr. — Mlle Clémence Isard, produit d'une loterie faite à Lézignan-la-Cèbe : 20 fr. — Partie d'une collecte faite à Lédignan (Gard), par M. le D'. Dumas : 50 fr.

5 Janvier. — M. de Paul, 2me don : 50 fr. — M. Planchon, directeur de l'École de Pharmacie : 20 fr. — M. Henri Wolf, sergent au 80e de ligne : 20 fr.

6 Janvier. — M. le Curé de Ganges, 2me versement : 55 fr. — Mme la Supérieure des Sœurs Noires : 25 fr.

7 Janvier. — Moitié de la remise faite sur leurs gages par les ouvriers de MM. Cot et Balp, de Clermont-l'Hérault : 4 fr. — Anonyme, par M. le Directeur du Messager du Midi : 60 fr.

9 Janvier. — M. de Langlade : 50 fr. — Mme Vitalis mère (Lodève) : 100 fr. — Le Comité des Dames patronesses de l'Hérault : 500 fr. — M. le Préfet de l'Hérault : 50 fr.

10 Janvier. — Anonyme : 10 fr.

13 Janvier. — M. le Curé de Villeneuve-lez-Maguelone : 3 fr.

16 Janvier. — M. Denis de Rougemont : 20 fr. — Partie d'une loterie faite par Mlles d'Albenas, Azaïs-Marès, Mallet, Orfila et Coste : 200 fr.

17 Janvier. — M. Rouget, prof. à la Faculté de méd. : 10 fr. — M. Estor, prof.-agrégé, id : 10 fr. — M. Sicard, id : 5 fr. — M. Jacquemet, id : 10 fr. — M. A. Espagne, id : 5 fr. — M. Étiévant, agent comptable de la Faculté de méd. : 5 fr. — M. l'abbé Besson : 30 fr. — Une domestique : 5 fr. — Collecte dans l'Église protestante de Lunel, par M. le Pasteur Bazille : 100 fr. — Partie d'une collecte faite dans l'Église protestante de Montagnac : 15 fr. — Anonyme : 20 fr. — M. le Curé de Saint-Jean-de-Védas, pour sa paroisse : 80 fr. — Par M. le Curé de Cesseras : M. l'abbé Castagné, curé (Cesseras) : 5 fr. — Les chantres, id. : 5 fr. — Anonyme, id. : 4 fr. — Pierre Cauquil, id. : 2 fr. — Gabriel Isard, id. : 2 fr. — M. Gleizes, id. : 1 fr. — Anonyme, id. : 2 fr. — Mme Paul Remi, id. : 1 fr. — Mme Rose Rassigner, id. : 50 c. — M. Jacques Bourdier, id. : 1 fr. — M. Dieudonné Tarbouriech, id. : 1 fr. 50 — M. Louis Ritouret, id. : 1 fr. — M. Tarbouriech, perruquier, id. : 30 c. — M. Fabre, juge de paix, id. : 10 fr.

18 Janvier. — Anonyme : 100 fr.

19 Janvier. — MM. les Membres du Cercle de la ville de Mèze : 567 fr.

20 Janvier. — Mme la vicomtesse de Maureilhan : 25 fr. — L'Administration du Cercle de Monloisir : 25 fr. — M. Auguste Nègre, du Cercle de Monloisir : 25 fr. — M. É. Belugou, id. : 10 fr. — M. Paul Claparède, id. : 10 fr. — M. Azaïs, id. : 15 fr. — M. Teisserenc, id. : 10 fr. — Anonyme : 20 fr.

23 Janvier. — M. Crès, prêtre, à Cette : 5 fr. — M. Alfred Bérard : 5 fr. — Mlle Thérèse Bérard : 2 fr. 50 c.

24 Janvier. — M. Philippe Bérard : 20 fr.

24 Janvier. — Le Maire de Salasc, par M. le Préfet : 36 fr. 70 c.

31 Janvier. — Produit du tronc pendant le mois de janvier : 52 fr. 55 c.

1ᵉʳ Février. — Anonyme : 30 fr.

3 Février. — L. D... : 25 fr.

9 Février. — Anonyme : 5 fr.

10 Février. — M. Louis Grasset, pour les internés en Suisse : 40 fr.

11 Février. — MM. Faulquier Cadet et Cⁱᵉ, par le directeur du *Messager du Midi* : 100 fr.

15 Février. — De taxes payées par le chemin de fer : 11 fr. 80 c.

18 Février. — Par M. l'abbé Audran, de Clermont-l'Hérault : M. Fulcrand Roqueplane, id. : 100 fr. — M. Charles Lugagne, id. : 85 fr. — M. Ernest Lugagne, id. : 50 fr. — MM. Bruguière, Delpon, Baissière et Cie, id. : 150 fr. — M. Devaux, id. : 10 fr. — M. Ginouvez, maître de pension, id. : 10 fr. — Anonyme, id. : 15 fr. — Anonyme, id. : 5 fr. — Anonyme, id. : 5 fr. — M. Ch. Marquez, id. : 5 fr. — M. H. B..., id. : 15 fr.

20 Février. — M. Xavier Plantier : 10 fr. — M. l'abbé Coure : 25 fr. — M. l'abbé Bourgade : 50 fr. — M. le Curé doyen de Bédarieux, pour sa paroisse : 413 fr. 50 c. — Anonyme : 1 fr. 50 c. — M. Chaix : 50 fr. — M. Granel, Curé de Ferrières : 5 fr. — Mlle Jösèphine Calmette (Ferrières) : 2 fr. — Mme Alexandrine Vidal, id. : 2 fr. — Mme Rose Pistre, id. : 1 fr. 50 c. — Anonyme, id. : 50 c. — Mme Émilie Sicard, id. : 1 fr.

22 Février. — Produit d'une loterie organisée par les Dames de Clermont l'Hérault (1ᵉʳ envoi) : 600 fr. — Quête faite par les Dames de Montpellier pour les soldats internés en Suisse : 11,147 fr. 90 c. — Le Comité départemental de secours aux blessés de l'Hérault, à l'occasion de la quête ci-dessus, et pour le même objet : 2,000 fr.

23 Février. — Reçu de M. le Trésorier du Comité, suivant le vote de l'Assemblée générale : 2,200 fr.

27 Février. — Collecte faite par les Dames de Ganges, pour les internés en Suisse : 450 fr.

28 Février. — Produit d'une loterie d'enfants, par M. de Rouville : 21 fr. — Mme Carporzen (Bousquet d'Orb) : 27 fr. — Anonyme, pour les internés en Suisse : 50 fr.

5

4 Mars. — M. Élisée Deandreis, pour les internés en Suisse, par l'entremise du Comité départemental : 500 fr. — Trouvé dans le tronc : 1 fr. 45 c.

7 Mars.— Reçu de M. le Trésorier du Comité, suivant le vote de l'Assemblée générale : 500 fr.

20 Mars. — Recettes diverses : 3 fr. 10 c.

5 Avril. — Recettes diverses : 5 fr.

DÉPENSES.

1870. 3 Décembre.— Payé à M. Guibal, de Montpellier, pour tricots, chaussettes, etc. : 796 fr.

9 Décembre. — Payé à M. Guibal, de Montpellier, pour tricots, chaussettes, etc., 997 fr.

13 Décembre. — Envoyé au Comité de Bâle un chèque de 1,000 fr.

17 Décembre. — Envoyé à un prisonnier désigné par le Comité de Saint-Gilles, 15 francs. — Payé à M. Guibal, de Montpellier, pour tricots, chaussettes, etc. : 1,354 fr. 50 c.

23 Décembre. Payé à M. Bouvier fils aîné, de Marseille, pour tricots, chaussettes, etc.: 1,013 fr. 25 c. — Payé à MM. Saurin et Nicolas, de Marseille, pour tricots, chaussettes, etc. : 1,046 fr. 40 c.

Envoyé à un prisonnier : 5 fr. — Port des colis expédiés à Bâle pendant le mois de décembre : 371 fr. 75 c. — Port des colis que la Commission a reçus pendant le mois de décembre : 34 fr. 95 c. — Dépense de papeterie et d'impression, id. : 130 fr. 40 c. — Timbres-poste, id.: 65 fr. 90 c. — Dépenses de bureau (bois, sarments, caisses, cordes, etc.), id : 51 fr. 45.—Traitement de l'homme de peine, id : 45 fr.

1871. 6 Janvier. — Payé à M. Maistre, de Villeneuvette, pour drap garances, 206 fr. 70 c.

7 Janvier.—Payé à M. Guibal, de Montpellier, pour tricots, chaussettes, etc.: 980 fr. — Payé à M. Durand, de Montpellier, pour 24 kilos laine doublée, tordue : 12 fr. 60.

10 Janvier. — Envoyé à un prisonnier : 5 fr.

16 Janvier. — Payé à M. Bouvier fils aîné, de Marseille, pour tricots, etc.: 982 fr. 48 c.

17 Janvier. — Envoyé au Comité de Bâle un chèque de 500 fr.

25 Janvier. — Envoyé au Comité de Vienne (Autriche) un chèque de 500 fr. — Port des colis expédiés à Bâle et à Vienne pendant le mois de janvier : 241 fr. 10 c. — Port des colis que la commission a reçus, id. : 28 fr. 10 c. — Dépense de la papeterie, id : 1 fr. 25 c. — Timbres-poste, id : 37 fr. 30. — Dépenses de bureau, id : 45 fr. 50 c. — Traitement de l'homme de peine, id : 50 fr.

26 Janvier. — Six grosses de boutons pour vareuses, et fil : 11 fr. 80 c.

28 Janvier. — Payé pour journées de couturière : 11 fr.

15 Février. — Envoyé à l'Agence centrale de Genève un chèque de 500 fr.

18 Février. — Payé à M. Guibal, de Montpellier, pour chaussettes : 500 fr. — Envoyé à l'Agence de Genève, pour les internés en Suisse, un chèque de 9,000 fr.

22 Février. — Envoyé à l'Agence de Genève, pour les internés en Suisse, un chèque de 4,117 fr. 90 c. — Payé à M. Guibal, de Montpellier, pour tricots, chemises, etc. : 1,200 fr.

23 Février. — Envoyé au Comité de Bâle un chèque de 2,200 fr.

27 Février. — Envoyé à l'Agence de Genève, pour les internés en Suisse, un chèque de 480 fr.

28 Février. — Envoyé à 11 prisonniers désignés par le Comité des Dames de Clermont (Hérault) : 220 fr. — Port des colis expédiés à Bâle et à Vienne pendant le mois de février : 45 fr. 50 c. — Timbres-poste, id. : 1 fr. — Dépenses de bureau pendant le mois de février : 30 fr. — Traitement de l'homme de peine , id. : 50 fr.

2 Mars. — Envoyé au Comité de Vienne (Autriche) un chèque de 500 fr.

4 Mars. — Envoyé à l'Agence de Genève, pour les internés en Suisse, un chèque de 500 fr.

7 Mars. — Envoyé au colonel du Petit-Touars à Rastadt, un chèque de 500 fr. — Traitement de l'employé : 25 fr. — Dépenses de bureau : 6 fr.

5 Avril. — Fournitures faites par la Miséricorde : 63 fr. 70.

Liste des Objets reçus.

N. B. Les dons sans indications spéciales se rapportent à Montpellier.

1870. 1ᵉʳ Décembre. — Association des Dames protestantes de Montpellier : 136 caleçons de coton fourrés, 180 paires de chaussettes de laine, 120 chemises de coton écru, 62 gilets de laine tricotés, 12 vareuses en molleton de laine, 28 gilets de coton fourrés, 15 paires de gants fourrés, 84 mouchoirs, 39 cache-nez, 2 paires de mitaines, 40 ceintures de flanelle, 18 gilets de flanelle.

2 Décembre. — MM. Roques frères, tanneurs : 5 peaux de mouton. — Mme Hérail : un caleçon de coton, 1 paire manches en tricot de laine. — Mme de Saizieu : 24 paires de chaussettes de laine, 2 gilets tricot de coton, 2 caleçons tricot de coton .— Mme Boucherie : 1 chemise de percale, 2 paires de chaussettes de laine, 2 gilets de flanelle. — Anonyme : 1 chemise de flanelle, 1 gilet de flanelle, 1 ceinture de flanelle.

5 Décembre. — MMmes Brock et de Rouville : 48 paires de chaussettes de laine. — Les dames de Saint-Charles : 12 paires de chaussettes de laine. — Mme Dreyssé : 12 paires de chaussettes de laine. — Mlle Élise Laborde (chât. de Pouzolles) : 26 paires de chaussettes de laine, 7 gilets de flanelle, 6 gilets tricot de coton.

6 Décembre. — Mlles Drouillon, Astruc, Marignan et Aubanel (de Marsillargues) : 12 gilets de flanelle, 12 ceintures de flanelle, 24 paires de chaussettes de laine. — M. Frédéric Coste (Béziers) : 1 casquette, 4 chemises de toile, 12 mouchoirs de poche, 2 foulards, 5 cravates, 6 paires de bas de laine. — Mme de Froment : 2 gilets de flanelle, 6 paires de chaussettes de laine, 6 mouchoirs, 2 chemises, 1 cache-nez, 2 gilets de coton. — Anonyme : 6 paires de chaussettes de laine. — M. Pierre et Mlles de Tourtoulon : 12 paires de chaussettes de laine, 3 gilets tricot de laine, 3 cache-nez, 2 paires de gants. — Mme la baronne de la Barthe : 6 paires de chaussettes, 2 paires de gants, 6 cache-nez, 6 mouchoirs, 2 gilets de flanelle, 1 caleçon, 2 chemises. — Mme Labbé : 3 chemises, 2 caleçons de flanelle, 7 paires de bas de laine.

7 Décembre. — Mme Haguenot : 8 chemises de flanelle, 24 paires de chaussettes de laine, 12 ceintures de laine, 4 mouchoirs. — Anonyme : 8 chemises, 4 gilets, 18 paires de bas, 8 bonnets de laine, 12 mouchoirs, 4 tours de col, 1 pantalon, 2 paletots. — M. B. Cambassèdes (le Vigan) : 2 paires de chaussettes. — Mlles Sauvadet : 1 gilet de coton, 1 caleçon de coton, 3 mouchoirs. — MM. Ricard frères (le Vigan) : 37 paires de chaussettes, 1 cache-nez. — Anonyme : 6 caleçons de coton, 12 paires de chaussettes, 5 gilets tricot de coton, 4 chemises.

8 Décembre. — Mlle M. Vigouroux : 4 paires de chaussettes de laine. — Mlle Blanc : 12 paires de chaussettes. — M. le Pasteur Galienne (le Vigan) : 58 paires de bas de laine, 10 gilets tricot de laine, 6 caleçons de coton. — Mme la baronne de Campredon de Paul : 4 gilets tricot de laine, 4 caleçons de coton, 6 cache-nez, 12 paires de chaussettes, 12 mouchoirs. — Mlle Élise Laborde (château de Pouzolles) : 2 gilets de flanelle, 1 ceinture de flanelle, 1 foulard, 2 cache-nez, 1 paire de chaussettes.

9 Décembre. — Mme la vicomtesse Ph. d'Adhémar : 5 gilets de flanelle, 5 paires de chaussettes. — Mme L. Correnson : 4 gilets tricot de laine. — Mme Billey : 1 couverture. — Anonyme : 3 gilets de tricot, 1 paire de bas. — Anonyme : 3 cache-nez. — L'Église réformée de Castres, par M. le Pasteur Dombres : 81 paires de bas de laine, 12 pantalons de flanelle, 3 chemises de flanelle, 5 gilets de flanelle, 17 gilets de tricot de laine, 25 gilets de drap, 22 pantalons de drap, 20 chemises, 2 mouchoirs, 6 cache-nez, 1 châle, 4 cravates, 1 paire de guêtres, 2 pièces de drap, 3 cabans, 34 redingotes ou paletots.

10 Décembre. — M. et Mme Gottes (Béziers) : 12 paires de chaussettes, 6 gilets tricot de laine, 4 caleçons de coton, 12 cravates, 12 mouchoirs. — Mme Tarbouriech (Béziers) : 12 paires de bas de laine, 4 gilets de flanelle, 2 caleçons de flanelle, 3 paires de guêtres. — Anonyme : 1 paire de chaussettes. — M. Ed. Véniger (Bagnols) : 1 gilet de tricot.

13 Décembre. — Anonyme : 12 paires de chaussettes. — Mme de la Combe : 3 paires de chaussettes, 6 cache-nez de laine tricotés. — Mlle Élise Laborde (château de Pouzolles) : 4 paires de chaussettes. 4 gilets de tricot de coton. — Mlle Mathilde Mathieu (le Pompidou) : 15 paires de chaussettes, 5 paires de bas de laine, 1 paire de bottines, 3 caleçons de tricot, 2 gilets de flanelle, 1 cache-nez, 1 paire de gants. — Mme Courbet : 4 cache-nez, 12 paires de chaussettes. — MM. Jourdan frères et Cⁱᵉ (Lodève) : 109ᵐ,70 drap molletoné marron. — Anonyme : 1 caleçon de coton. — H. Calvet fils et Bérard (Lodève) : 63ᵐ,90 de drap marron et vert. — M. Couturier (Carcassonne) : 3 bonnets, 3 cache-nez, 1 ceinture de flanelle, 1 veste de drap. — MM. Campagne frères (Bédarieux) : 1 pièce de drap flanelle noire. — MM. Eugène et Charles Soudan (Lodève) : 4 pièces de molleton bleu. — M. le Maire de Saverdun (Ariége) : 8 pantalons, 6 paletots, 6 gilets, 21 paires de bas, 13 mouchoirs, 5 gilets de tricot de coton, 4 caleçons, 46 chemises, 11 gilets de tricot de laine, 1 caleçon de coton, 1 vareuse de molleton, 36 paires de chaussettes de laine. — Mme de Vérot : 12 paires de chaussettes.

14 Décembre. — Mme Bouché-Pons : 12 paires de chaussettes, 6 caleçons, 3 gilets de coton, 3 gilets de tricot de laine. — Mme Courbet : 2 paires de chaussettes. — Mlles Clémensat : 3 paires bas de laine, 1 paire chaussettes, 3 cache-nez. — Les Sœurs de Saint-Vincent de Paul et Dames de la Charité, de Capestang ; 36 caleçons de coton, 2 caleçons de flanelle, 3 gilets de flanelle, 101 paires de chaussettes. — Le Curé de Pinet : 27 gilets de flanelle, 1 sac plein de charpie et de compresses. — M. J.-B. Laurens : 2 couvertures de laine, 2 caleçons. 4 paires de chaussettes. — Le Curé de Fontès : 29 paires de chaussettes, 2 caleçons, 3 gilets de flanelle. — Anonyme : 12 paires de chaussettes. — M. Adolphe et Mlles Blanchet : 12 paires de chaussettes.

15 Décembre. — MM. Roques frères : 4 peaux de mouton. — Mme de Marveille (La Salle) : 23 gilets de tricot de laine, 8 chemises toile et percale , 1 chemise flanelle, 6 caleçons de coton, 2 bonnets de coton, 1 ceinture de flanelle, 1 cache-nez, 49 paires de chaussettes de laine, 5 paires de chaussons. — Mesd. Brock et de Rouville : 4 gilets de tricots de laine. — Mme Dreyssé : 2 gilets de tricots de laine.

16 Décembre. — Anonyme : 3 gilets de flanelle. — Anonyme (Poussan) : 2 paires de chaussettes. — Mme Bouché-Pons : 1 couvertnre de laine. — Mme veuve Marès : 7 chemises, 1 ceinture de flanelle, 1 caleçon de laine.—Anonyme : 3 paires de chaussettes. — M. Bélisaire Catalan : 6 paires de chaussettes.

17 Décembre. — M. A. Deltil (Lavaur) : 5 gilets de tricot, 6 paires de chaussettes, 5 caleçons, 6 pantalons, 4 redingotes. — Mme Maistre, de Villeneuvette : 6 chemises de flanelle, 19 paires de chaussettes. — F. Lagarejeune (Lodève) : 114^m, 10 de molleton bleu foncé, type marine. — M. le Curé de Puisserguier et ses paroissiens : 35 paires chaussettes ou bas de laine, 5 gilets de flanelle ou de coton, 1 caleçon, 4 chemises, 6 bonnets de coton, 6 mouchoirs, 5 gilets de drap, 2 pantalons, 5 paletots, 1 casquette, 2 draps de lit et quelques bandes, compresses , herbes sèches. — Anonyme : 12 paires de chaussettes. — Mme de Melon, née de Margon (Margon) : 4 chemises, 18 paires de chaussettes, 6 mouchoirs, 2 gilets de tricot de coton, 1 caleçon, 1 paire de poignets. — Mlle Flavie Branche : 6 paires de chaussettes, 2 cache-nez. — Mme veuve Antoine Roques : 24 paires de chaussettes, 4 caleçons, 2 ceintures.

19 Décembre. — Anonyme : 2 paires de bas de laine, 2 paires de chaussettes. — Mlles Marie et Jeanne : 2 paires de chaussettes. — Mme de Saizieu : 22 trousses garnies. — Mme Fonssagrives : 5 cache-nez tricotés.

20 Décembre. — Anonyme (Roujan) : 1 paire de chaussettes. — Le Curé de Ganges : 21 gilets de tricot de laine, 13 gilets de flanelle, 27 caleçons, 68 paires de chaussettes, 18 chemises, 14 gilets, 8 paires de bas, 13 cache-nez ou ceintures, 3 mouchoirs, 1 couverture de laine. — Martin frères (Lodève) : 36^m,60 molleton bronze. — César Vinas et Lugagne (Lodève) : 2 pièces de drap léger.—Mlle Rosine Vinas (Lodève) : 6 paires de bas et chaussettes de laine, 6 gilets tricot de laine.—F. Pommier et Cie (Lodève) : 49 mètres molleton violet, 11 coupons drap burel, 1 coupon molleton bleu, 1 coupon molleton gris. — M. Henry Westphal : 10 cache-nez. — Mesd. Haguenot, H. et L. Marès, d'Albenas, Rolland, H. Pagezy, Sauvajol et P. Cazalis de Fondouce : 150 trousses garnies. — Mme la baronne de la Barthe : 10 trousses garnies. — Mme Ribard (Sainte-Croix par le Pompidou) : 3 chemises, 2 paires bas de laine, 3 mouchoirs, 1 caleçon. — Anonyme : 38 paires de chaussettes, 1 gilet de laine, 12 mouchoirs.

24 Décembre. — M. Ch. de Billy, délégué régional : 100 gilets de tricot de coton. — M. le Pasteur de l'Église réformée de Millau (Aveyron) : 3 gilets tricot de laine, 4 gilets de flanelle, 1 gilet tricot de coton, 14 chemises, 3 caleçons de coton, 16 mouchoirs, 15 paires de chaussettes, 1 couverture de laine. — Anonyme : 11 trousses garnies. — Les Dames protestantes de Saint-Gilles (Gard), par M. le Pasteur Ducros : 9 paires de chaussettes de laine, 8 gilets de flanelle, 3 gilets tricot de coton, 12 mouchoirs. — Les Dames de Sumène (Gard) : 8 caleçons de coton, 8 gilets de coton, 8 paires de chaussettes, 9 bonnets de coton, 8 ceintures de laine, plus 38 paquets pour les prisonniers de Sumène, contenant chacun 1 caleçon, 1 gilet, 1 paire de chaussettes, 1 bonnet et 1 ceinture. — Mme veuve Bonnarie : 1 couverture de laine, 8 paires de chaussettes. — Mme Kettinger : 2 paires de chaussettes.

23 Décembre. — M. Henri Westphal : 6 cache-nez. — Mme Dufour, 9 paires de chaussettes. — Anonyme : 7 chemises, 1 caleçon de laine, 1 mouchoir, 1 ceinture de flanelle. — M. le Curé de Nefflès : 26 paires de bas ou chaussettes, 12 gilets de tricot de coton, 6 caleçons de coton, 1 caleçon de flanelle, 1 ceinture. — L. Abelous père et fils (Bédarieux) : 36 mètres de flanelle grise. — Mme Dubois : 14 paires de chaussettes.

24 Décembre. — Mlle Élise Laborde (chât. de Pouzolles) : 3 cache-nez, 5 gilets de coton, 1 paire de chaussettes, 6 mouchoirs. — Mme Fabrége : 50 trousses garnies. — Mme Auguy de Vitry (Gignac) : 9 paires de chaussettes.

26 Décembre. — Teisserenc, Visseq frères et fils (Lodève) : 45^m,50 de drap de troupe gris, 23^m,80 cent. de drap de troupe bleu. — M. Servel : 12 paires de chaussettes, 12 caleçons de coton .

27 Décembre. — Anonyme : 8 vareuses de flanelle, 2 paires de chaussettes. — Don de la commune d'Aumessas (Gard) : 53 paires de chaussettes, 11 cache-nez, 2 mouchoirs, 1 chemise, 2 caleçons, 1 gilet de tricot. — Mme Kettinger : 2 paires de chaussettes. — Mlle Blanc : 12 paires de chaussettes. — Mlle Caroline Barne : 3 paires de chaussettes. — L'association des Dames protestantes de Lunel, par M. le Pasteur Bazille : 15 gilets de flanelle, 8 gilets de tricot de coton, 7 caleçons, 10 paires de chaussettes, 4 cache-nez, 28 mouchoirs. — Anonyme : 5 cache-nez. — Anonyme (Perpignan) : 1 caban, 1 paire de chaussures. — Le colonel de Massane (Sumène) : 1 boîte contenant environ 300 cigares. — Mme Jules de Brignac : 6 paires de chaussettes.

28 Décembre. — Les Sœurs de Nevers (Lodève) : 40 paires de chaussettes, 6 vestes de molleton, 6 gilets de tricot de laine. — Mlle Gallot : 10 paires de chaussettes. — Anonyme : 1 paire de chaussettes. — M. Marcellin Durand : 5 chemises de coton écru.

29 Décembre. M. Henri Westphal : 12 cache-nez. — M. Aug. Brun (Lodève): 1 pièce de drap bourru. — Jassagot : 2 paires de chaussettes. — Mme Bimar : 2 gilets molleton, 3 paires de chaussettes. — M. Maistre (de Villeneuvette) : 1 fort ballot drap molletoné, 24 kilos laine à tricoter.

30 Décembre. — Mlle M. Pouchié : 2 paires de chaussettes. — M. Bélisaire Catalan : 2 paires de chaussettes. — Vitalis frères (Lodève) : 19 mètres drap flanelle plus 18 paquets pour des prisonniers de Lodève. — Mme Hérail : 2 paires de bas. — Delpon, Bruguière et Boissière (Clermont-l'Hérault) ; 30^m, 80 drap beige. — Puech, Fournier et Vallat (Lodève) : un fort ballot de drap, plus 35 paquets pour des prisonniers de Lodève. — Les Dames Noires : 12 paires de chaussettes.

1871. 2 Janvier. — Anonyme : 2 paires de chaussettes. — Mme de Saizieu : 2 paires de chaussettes, 5 trousses garnies. — M. l'abbé Bousquet : 11 paires de chaussettes. — Anonyme : 6 paires de chaussettes.

3 Janvier. — Anonyme : 1 paire de bas. — Anonyme (Saint-Thibéry) : 12 paires de chaussettes, 1 chemise, 5 gilets de tricot de coton, 2 gilets de flanelle, 1 ceinture de flanelle, 6 caleçons coton, 18 mouchoirs. — Commune de Palavas : 22 paires de chaussettes, 7 caleçons, 2 gilets de flanelle.

4 Janvier. — Mlle E^{lie} Bockholtz : 4 paires de chaussettes. — Mlle Math. de la Baume : 1 chemise de laine. — Anonyme : 3 paires de chaussettes.

5 Janvier. — Mmes Dhombre et Couturier (Carcassonne) : 3 paires de chaussettes, 1 veste, 1 bonnet. — Mme Bernard : 2 caleçons, 1 gilet de tricot de coton. — Mme Gras : 2 cache-nez, 3 paires de chaussettes. — Anonyme (Montagnac) , 6 paires de chaussettes.

6 Janvier. — Mme J. Lagare (Lodève) : 12 paires de chaussettes. — Comité des Dames de Clermont-l'Hérault : 70 paires de chaussettes, 19 gilets de flanelle: 10 gilets tricot de coton, 4 gilets tricot de laine, plus 20 paquets pour des prisonniers de Clermont. — Anonyme : 6 vareuses de flanelle, quelques vêtements civils. — Une demoiselle de Poussan : 3 paires de chaussettes. — Mlle Clémentine et M. Victor Breton : 12 paires de chaussettes.

9 Janvier. — Mme Sauvajol : 25 paires de chaussettes. — M. le Curé de Ganges : 9 gilets tricot de laine, 1 caleçon laine, 4 caleçons coton, 29 paires de chaussettes, 2 paires de bas, 2 chemises, 4 mouchoirs, 2 gilets, 3 cache-nez. — Mlle V. Jougla : 1 paire de chaussettes. — Mme de Saizieu : 4 trousses garnies. — M. Mauzac (Adissau) : 7 paires de chaussettes. — La paroisse d'Adissan, par M. le Curé : 18 gilets de flanelle, 6 caleçons de flanelle, 2 ceintures, 12 paires de chaussettes, 36 mouchoirs, 1 gilet tricot de coton, 2 paires de chaussons. — Les Dames de Saint-Charles (Pignan) ; 5 paires de chaussettes, 2 gilets de laine, 2 caleçons de coton. — Mme Lisbonne : 56 paires de chaussettes, 6 caleçons, 6 gilets tricot de coton, 6 chemises, 2 cache-nez. — Le Comité sectionnaire de Foix (Ariége) : 1 pantalon, 1 redingotte, 2 paires de souliers, 2 paires de bas, 1 cravate, 2 chemises. — Mlles de Boyer (Foix) : 12 paires de chaussettes, 8 gilets tricot de laine.

10 Janvier. — Le vicomte L. de Pégueirolles : 5 paires de chaussettes , 2 paletots, 2 pantalons, 2 cache-nez, 2 foulards. — Mlle Dupront : 2 paires de chaussettes. — Miquel neveu (Riols) : 11 mètres drap gris beige. — M. Armingaud (Riols) : 6 mètres drap. — Mme A. Dunal : 7 trousses garnies.

12 et 13 Janvier. — Anonyme : 2 paires de chaussettes. — Mlle Galot : 2 paires de chaussettes. — Le Maire de Camplong : 24 paires de chaussettes, 11 gilets tricot de coton.

16 et 17 Janvier. — Vicomtesse d'Adhémar : 2 gilets tricot de laine, 3 paires de chaussettes. — Henri Westphal : 12 cache-nez. — M. Barral : un cache-nez. — Une dame de Montagnac : une paire de chaussettes. — L'association des Dames protestantes de Lunel, par M. le pasteur Bazille : 15 caleçons de coton, 12 ceintures de flanelle, 14 paires de chaussettes, 24 gilets tricot de coton, 20 mouchoirs, plus 8 paquets pour des prisonniers de Lunel.

18 Janvier. — Mme A. Blanc : 6 paires de chaussettes. — Mme de Bourgeois : 2 paires de chaussettes. — M. le Curé de Saint-Jean-de-Védas : 10 paires de chaussettes, 7 chemises, 2 ceintures de flanelle, 5 caleçons, 4 gilets tricot de laine, 16 mouchoirs, 1 bonnet de coton, 2 cache-nez. — Mme Fonssagrives : 2 cachenez. — Anonyme : 2 paires de chaussettes.

21 et 23 Janvier. — Anonyme : 6 paires de chaussettes. — Mme Dufour : 10 cache-nez, 6 paires de chaussettes. — Anonyme : 6 paires de chaussettes. — J. Lagare (Lodève) : 12 paires de chaussettes. — Bourrillon père et fils (Mende) : un ballot de flanelle. — Anonyme : 48 paires de bas, 18 vareuses de laine.

24, 25 et 26 Janvier. — Henri Westphal : 10 cache-nez. — Les Sœurs de Nevers (Lodève) : 12 vareuses. — Le Curé de Saint-Nazaire : 13 paires de chaussettes, 1 caleçon. — Mme Schlotfeld : 3 paires de bas, 1 paire de chaussettes. — Mme Tissié-Sarrus : 1 paire de chaussettes. — M. Albert Jourdan (Lodève) : 8 paires de chaussettes, plus 8 paquets pour des prisonniers de Lodève. — Association des Dames protestantes de Montpellier : 36 gilets tricot laine ou moltons, 12 gilets de coton, 60 cache-nez, 84 paires de chaussettes, 24 ceintures. — Anonymes (Lodève) : une balle de drap. — M. le pasteur Dizier (Pignan) : un ballot renfermant des bas, chaussettes, etc... — Mlle Cairel : 6 paires de chaussettes.

28 Janvier. — Commune de Mauguio : 68 vareuses, plus 17 paquets pour des prisonniers de Mauguio. — Commune du Pompidou : 19 paires de chaussettes, 3 gilets. — Mme Alos : 4 paires de chaussettes. — Mlles Henri Mion : 18 chemises, 5 paires de chaussettes, 12 gilets tricot de laine.

30 Janvier. — Mme de Saizieu : 1 paire de manchettes. — Mme Reboul : 9 chemises, 1 paire de bas. — Mme Beauguil (Olonzac) : 30 paires de chaussettes.

2 Février. — Mme Gras : 2 gilets de drap flanelle, 4 paires de chaussettes, 1 cache-nez. — Mme Fonssagrives : 6 cache-nez, 1 passe-montagne.

8 Février. — Mme Bonard : 1 paire de chaussettes.

13 Février. — Mme de Rouville : 6 paires de chaussettes. — Mme Ch. de Billy : 2 paires de chaussettes.

15 et 16 Février. — Mlle Raoux : 12 cache-nez. — Anonyme : 11 paires de chaussettes. — Mme Dunal : 10 paires de chaussettes, 4 mouchoirs, 1 sac de jujubes. — Mme Vve Cambassèdes (château de Ferrussac près Meyrueis) : 1 paquet de linge à pansement. — Les Religieuses de la Sainte-Famille, de Bouzigues : 14 paires de chaussettes, 4 mouchoirs, 1 bonnet.

17 et 18 Février. — Mme Cambon (Sumène) : 1 bonnet de coton, 1 ceinture de laine, 1 gilet tricot de coton, 1 caleçon, 1 paire de chaussettes. — MM. Jourdan frères (Lodève) : 39 paires de chaussettes. — Anonyme : 4 paires de chaussettes. — Anonyme : 2 gilets de flanelle.

20 et 21 Février. — Mlles Pélagie et C. Calmettes : 4 paires de chaussettes. — Mme M. Sessaut : 1 bonnet de nuit. — Mme Fabre de Montauberou : 2 paires de souliers. — Mmes Puech et Ypert : 2 chemises de flanelle, 4 bonnets de nuit, 6 caleçons, 1 gilet de laine, 1 paquet de bandes. — Mme Rainaud (Lunel) : 5 paires de chaussettes.

24, 25 et 27 Février. — M. le Pasteur Camichel (Montagnac) : 6 paires de chaussettes. — Mme la comtesse d'Orient de Bellegarde : 29 passe-montagnes. — Mme Guilhaumon : 2 gilets de laine. — Anonyme : 2 paires de chaussettes. — Mme Bonard : 1 paire de chaussettes.

2 Mars. — Anonyme : 2 passe-montagnes, 3 cache-nez, 1 paire de chaussettes.

VIII. — Résultats généraux des travaux de la Commission.

La Commission a envoyé à nos prisonniers.........	11 587	pièces.
150 paquets particuliers, provenant de dons, contenant	1 200	—
Soit en totalité	12 787	—
Elle a de plus expédié 402 paquets munis d'adresses particulières, venant des familles des prisonniers, représentant..................................	3 216	—
Total	16 003	—

En comptant 6 pièces par homme. la Commission estime donc qu'elle a habillé par ses dons en vêtements un nombre de. **2 131** prisonn.

Et par les paquets des familles....................	402	—
En tout.............................	2 533	—

Voilà pour ce qui concerne les envois en nature, mais là ne s'est pas borné son œuvre, ainsi qu'on l'a vu plus haut. Elle a envoyé en argent :

Au Comité de Bâle.............................	3 700	francs.
Au Comité de Vienne..........................	1 000	—
A l'Agence centrale de Genève....................	14 597	—
Au colonel du Petit-Thouars, à Rastadt[1]..........	500	—
A divers prisonniers..........................	245	—
En tout..........................	20 042	—

Les expéditions provenant des dons ou des achats ont pesé 4 050 kil., qui à raison de 6 fr. le kil., valeur moyenne des objets de coton ou de laine en Allemagne, représentent une valeur minimum de....	24 300	—
C'est donc un total de..................	44 342	—

que la Commission a pu, grâce aux dons de toute nature qui lui ont été faits, consacrer au soulagement de nos chers et malheureux prisonniers.

Toutefois, pour reconnaître l'importance totale de l'œuvre de la Commission,

---

[1] M. le colonel du Petit-Thouars préside le Comité des officiers français de Rastadt. Il nous écrivit au commencement du mois de mars qu'il y avait en ce moment dans cette ville 800 soldats malades et qu'il ne profiterait de la paix pour rentrer que quand le dernier de ces malades aurait été évacué. Sur la peinture qu'il nous faisait des besoins actuels du Comité à la tête duquel il se trouvait, nous lui avons envoyé une somme de 500 francs.

il faudrait ajouter à cette somme la valeur des 402 paquets particuliers et des 42 248 fr. que son fonctionnement et la collaboration du Délégué régional lui ont permis de faire parvenir à plus de vingt mille prisonniers. En tenant compte également des 10 000 fr. envoyés à diverses reprises par M. de Billy à Bâle et à Genève, et des 318 hectol. de vin expédiés à Bâle par le même, représentant une valeur d'au moins 4 000 fr., on arrive au chiffre élevé de 104 700 fr. pour représenter la part de soulagement qui a été apportée aux misères d'une captivité et d'un exil si rigoureux, par l'intermédiaire de notre Bureau.

Nous ne terminerons pas ce Rapport sans adresser des témoignages de notre reconnaissance aux Compagnies des chemins de fer du Midi et de la Méditerranée. Non-seulement elles nous ont, dès le début, fait jouir d'une remise des 3/4 sur les tarifs de transport, mais encore celle de la Méditerranée a, vers la fin du mois de janvier, accordé aux objets destinés aux prisonniers la gratuité la plus absolue.

IX. — Liste des Objets achetés.

1 788 paires de chaussettes de laine, 125 caleçons en tricot de laine, 583 caleçons en tricot de coton, 80 cache-nez, 691 gilets en tricot de coton, 36 chemises en coton écru, achetés chez Pierre Guibal, de Montpellier	5 828 —
48 paires de chaussettes de laine, 852 caleçons en tricot de coton, plus divers échantillons, achetés chez Bouvier fils aîné, de Marseille...........................	1 995 70
1 200 paires de chaussettes de laine, 120 caleçons en tricot de coton, achetés chez Saurin et Nicolas, de Marseille..	1 046 40
31m,80 cent. de drap garance, achetés chez M. Maistre, de Villeneuvette	206 80
Total..................	9 076 80

X. — État des Objets reçus en Dons et des Objets fabriqués.

La Commission a reçu :

Chemises ordinaires.........	308	Cache-nez..................	439
— de flanelle.........	27	Ceintures de flanelle	126
Caleçons en tricot de coton...	365	Mouchoirs	351
— — de laine....	3	Couvertures................	31
— de flanelle.........	205	Bonnets de coton...........	52
Vareuses en drap ou en molleton	85	Trousses garnies...........	292
Paires de chaussettes ou bas de laine	2 295	Objets divers	79

Elle a de plus reçu des pièces de drap, de molleton ou de flanelle, de MM. Jourdan frères et Cie, H. Calvet fils et Bérard, Eugène et Charles Soudan, F. Lagare cune, Martin frères, César Vinas et Lugagne, F. Pomier et Cie, Teisserenc, Visseq frères et fils; Auguste Brun; Vitalis frères; Puech, Fournier et Vallot; deux Anonymes, de Lodève; Maistre, de Villeneuvette; Delpon, Bruguière et Boissière, de Clermont-l'Hérault; Campagne frères; L. Abelous père et fils, de Bédarieux; Miquel neveu; Armingaud, de Riols; Bourrillon père et fils, de Mende; et 44 kilos de laine de M. Maistre, de Villeneuvette.

Avec ces dons en pièces, la Commission a fait fabriquer, comme il a été expliqué précédemment, les objets suivants :

Vareuses ou bourgerons......	475	Paires de chaussettes........	152
Punchos...................	73	Cache-nez................	23
Pantalons de drap...........	33		

XI. — Liste des Envois.

	ALLEMAGNE.		SUISSE.	RENTRÉE [1]	TOTAUX.
	Comité de Bâle.	Comité de Vienne.	Comité de Genève.		
Chemises ordinaires................	302	15	27	»	344
— de flanelle..	23	1	1	2	27
Caleçons en tricot de coton	1380	518	13	9	1920
— — de laine.....	128	»	»	»	128
— en flanelle.................	14	9	»	»	23
Gilets en tricot de coton.............	893	131	10	1	1035
— — de laine.............	263	1	12	7	283
— de flanelle..................	202	»	»	3	205
Vareuses, bourgerons de drap ou moll.	382	3	159	16	560
Pantalons de drap..................	»	»	18	15	33
Paires de chaussettes ou bas de laine..	4183	382	847	71	5483
Cache-nez..	356	48	133	5	542
Ceintures de flanelle................	118	2	6	»	126
Mouchoirs........................	299	43	4	5	351
Couvertures ou punchos.............	55	»	27	22	104
Bonnets de coton..................	34	1	»	7	52
Trousses garnies...................	226	66	»	»	292
Objets divers.....................	41	4	1	33	79
	8899	1224	1258	196	11587

Il a été de plus expédié par la Commission, sans frais pour les expéditeurs,
552 paquets munis d'adresses particulières, savoir : 150 provenant de dons, et
402 venant des familles des prisonniers.

[1] Les objets portés dans cette colonne, formant le solde en magasin à la fin de nos opérations,
ont été distribués aux prisonniers les plus nécessiteux, à leur passage à l'Ambulance de la Gare
de Montpellier, lors de la rentrée.

Le poids total des objets expédiés, avec destination générale, s'est élevé à 3731 kilogrammes, et celui des paquets avec adresses particulières à 1 324 kilogram. — Total : 5 055 kilogrammes.

Il a été de plus remis, par suite de besoins pressants, 19 couvertures de laine à l'Ambulance du Midi. Les règlements militaires interdisant aux prisonniers le port des habits civils, la Commission n'a pas cru déroger à la volonté des donateurs, en remettant les vêtements suivants qu'elle ne pouvait utiliser, au Comité de secours pour les départements envahis : 32 gilets, 41 paletots, 31 pantalons, 10 paires de souliers; et à l'Ambulance de la Gare, 4 cabans et tout le linge de pansement qu'elle avait reçu.

XII. — Caisse au 5 avril 1871.

RECETTES.	FRANCS.	C^mes.	DÉPENSES.	FRANCS.	C^mes.
Reçu de la caisse générale du Comité....	3 700	»	Achats de tricots, chaussettes, etc.......	9 076	30
Dons sans destination.............	12 268	90	Fournitures de boutons, fil, et journées de couturières.................	99	10
Dons pour les internés en Suisse........	14 187	90	Au Comité de Bâle, pour être employé en achats de vêtements pour les prisonniers en Allemagne.............	3 700	»
Produit du tronc.............	160	20	Au Comité de Vienne, pour être employé en achats de vêtements pour les prisonniers en Allemagne............	1 000	»
Pour être envoyé à des prisonniers désignés	235	»	Au Comité présidé par le colonel du Petit-Thouars, à Rastadt...........	500	»
Recettes diverses..............	19	10	A l'Agence centrale de Genève, pour les internés en Suisse..............	14 597	90
	30 571	90	Par ordre, à des prisonniers désignés.....	245	»
			Port des colis que le Comité a expédiés....	658	35
			Port des colis que le Comité a reçus......	63	5
			Timbres-poste..............	104	20
			Papier et impressions de circulaires.....	137	65
			Traitement des employés...........	170	»
				30 414	80
			Solde en caisse au 5 avril.....	93	40
				30 571	90

www.ingramcontent.com/pod-product-compliance
Lightning Source LLC
Chambersburg PA
CBHW070914280326
41934CB00008B/1715